001vc Abb.: tb

INHALT

PRAKTISCHE REISETIPPS A–Z 105

KARTEN UND PLÄNE

ANHANG 127

EXKURSE ZWISCHENDURCH

Thomas Barkemeier

CITY|TRIP VANCOUVER

NICHT VERPASSEN!

7 GRANVILLE ISLAND [E5]

Eine ebenso bunte wie lebendige Mischung aus quirligem Markt, hochwertigen Kunstgewerbegeschäften, Straßenkünstlern, Restaurants, tollen Ausblicken auf den Pazifik und die Skyline – kaum zu glauben, dass all das mal ein Industriegebiet war (s. S. 67).

11 CANADA PLACE [H2]

Seit seiner Eröffnung 1986 ist das Kongresszentrum mit seinen markanten Segeldächern das Wahrzeichen Vancouvers (s. S. 73).

13 SEAWALL [ch]

Fast die gesamte Innenstadt umlaufende Uferpromenade mit tollen Aussichten auf die Skyline, Pazifik und Küstenberge (s. S. 75).

14 STANLEY PARK [ch]

Ein über 40 ha großer Stadtpark mit verwunschenen Seen, Dschungelpfaden, Minizoo, Aquarium, Totempfählen und tollen Aussichten – all das nur einen Steinwurf von der Innenstadt entfernt (s. S. 75).

15 VANCOUVER AQUARIUM [ch]

Das größte Aquarium Kanadas – und auch eine der meistbesuchten Sehenswürdigkeiten des Landes – befindet sich im Stanley Park. Über 70.000 Tiere sind zu bestaunen, z. B. Belugas und Delfine (s. S. 77).

18 ENGLISH BAY BEACH [D2]

Ein Stück Venice Beach am Rande des West End inklusive traumhafter Sonnenuntergänge und Hedonismus pur (s. S. 80).

29 GROUSE MOUNTAIN

Vancouvers Hausberg bietet neben seinen tollen Panoramablicken für jede Jahreszeit etwas. Im Winter gibt es zahlreiche Pisten für Skifahrer und Snowboarder und im Sommer kann man Holzfällershows und ein Grizzleyrefugium besuchen und die zahlreichen Wanderwege nutzen (s. S. 94).

31 VICTORIA

Efeuumrankte Fassaden, englische Doppeldeckerbusse, Pferdekutschen, viktorianische Häuser und manikürte Gärten. Die verschlafene Hauptstadt von British Columbia ist das ideale Kontrastprogramm zum futuristischen Vancouver (s. S. 95).

Leichte Orientierung mit dem cleveren Nummernsystem

Die Sehenswürdigkeiten der Stadt sind zum schnellen Auffinden mit **fortlaufenden Nummern** versehen. Diese verweisen auf die ausführliche Beschreibung **im Kapitel „Vancouver entdecken“** und zeigen auch die genaue Lage **im Stadtplan.**

IMPRESSUM

Thomas Barkemeier
CityTrip Vancouver

1. Auflage 2010
ISBN 978-3-8317-1851-1

Herausgeber und Gestaltungskonzept:
Klaus Werner
Lektorat: travel@media oHG
Layout: Günter Pawlak (Umschlag), Anna Medvedev (Inhalt)
Fotos: siehe Bildnachweis S. 6
Karten: Ingenieurbüro B. Spachmüller, travel@media oHG
Druck und Bindung:
Fuldaer Verlagsanstalt GmbH & Co. KG

Dieses Buch ist erhältlich in jeder Buchhandlung Deutschlands, der Schweiz, Österreichs, Belgiens und der Niederlande. Bitte informieren Sie Ihren Buchhändler über folgende Bezugsadressen:
Deutschland: Prolit GmbH, Postfach 9, D-35461 Fernwald (Annerod) sowie alle Barsortimente
Schweiz: AVA-buch 2000, Postfach, CH-8910 Affoltern
Österreich: Mohr Morawa Buchvertrieb GmbH, Sulzengasse 2, A-1230 Wien
Niederlande, Belgien: Willems Adventure, www.willemsadventure.nl

Wer im Buchhandel trotzdem kein Glück hat, bekommt unsere Bücher auch über unseren Büchershop im Internet:
www.reise-know-how.de

Wir freuen uns über Kritik, Kommentare und Verbesserungsvorschläge:
Reise Know-How Verlag Peter Rump GmbH, Osnabrücker Str. 79, 33649 Bielefeld, info@reise-know-how.de

BENUTZUNGSHINWEISE

CITYFALTPLAN

Die im Buch beschriebenen Örtlichkeiten wie Sehenswürdigkeiten, Restaurants, Hotels, Cafés usw. sind im Cityfaltplan von Vancouver eingetragen.

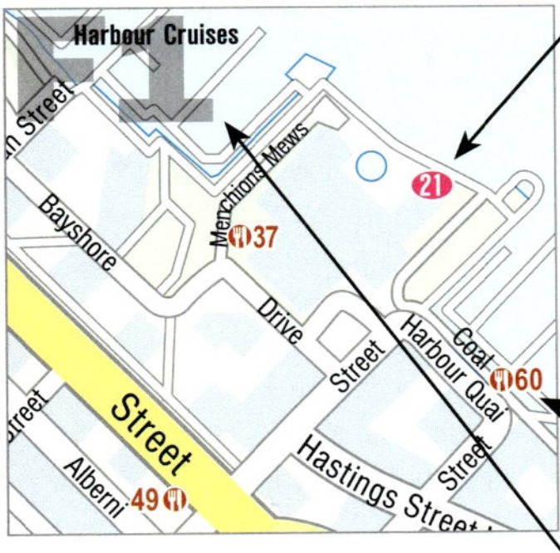

Örtlichkeiten mit fortlaufender Nummer, aber ohne Angabe des Planquadrats liegen außerhalb der im Buch abgebildeten Stadtpläne und Landkarten. Sie können aber leicht im Luftbild lokalisiert werden (siehe Umschlagklappe).

ABKÜRZUNGEN

Ave.	Avenue
Blvd.	Boulevard
Dr.	Drive
Hwy.	Highway
Rd.	Road
St.	Street
W	West
E	East

BEWERTUNG DER SEHENSWÜRDIGKEITEN

★★★	auf keinen Fall verpassen
★★	besonders sehenswert
★	wichtige Sehenswürdigkeit für speziell interessierte Besucher

ORIENTIERUNGSSYSTEM

Zur schnelleren Orientierung tragen alle Hauptsehenswürdigkeiten und Lokalitäten die gleiche Nummer sowohl im Text als auch in den Stadtplänen:

21 Die Hauptsehenswürdigkeiten werden im Abschnitt „Vancouver entdecken" beschrieben und mit einer fortlaufenden magentafarbenen Nummer gekennzeichnet, die auch im Cityfaltplan eingetragen ist.

Stehen die Nummern im Fließtext, verweisen sie auf die jeweilige Beschreibung der Sehenswürdigkeit im Kapitel „Vancouver entdecken".

60 Mit Symbol und fortlaufender Nummer werden die sonstigen Lokalitäten wie Cafés, Geschäfte, Hotels, Infostellen usw. gekennzeichnet.

[F1] Die Angabe in eckigen Klammern verweist auf das Planquadrat im Cityfaltplan, in diesem Beispiel auf das Planquadrat F1.

PREISANGABEN

Preisangaben erfolgen in C$ (Kanadische Dollar, auch CAD und Can$ abgekürzt). Bei Fertigstellung dieses Bandes lag der Kurs bei C$ 1 = 0,63 € bzw. CHF 0,96 und 1 € = C$ 1,58 bzw. CHF 1 = C$ 1,04. Generell sind Preisangaben als Anhaltspunkte zu verstehen und beziehen sich auf den Stand Oktober 2009.

DER AUTOR

Thomas Barkemeier ist gelernter Historiker und arbeitet als Reisebuchautor und Studienreiseleiter. Von den insgesamt 11 von ihm verfassten Reisebüchern sind 5 im Reise Know-How Verlag erschienen. Er lebt mit seiner Familie in Victoria und hält sich jedes Jahr mehrere Male im benachbarten Vancouver auf.

SCHREIBEN SIE UNS

Dieser CityTrip ist gespickt mit Adressen, Preisen, Tipps und Infos. Nur vor Ort kann überprüft werden, was noch stimmt, was sich verändert hat, ob Preise gestiegen oder gefallen sind, ob ein Hotel, ein Restaurant immer noch empfehlenswert ist oder nicht mehr usw. Unsere Autoren sind zwar stetig unterwegs und erstellen alle zwei Jahre eine komplette Aktualisierung, aber auf die Mithilfe von Reisenden können sie nicht verzichten.

Darum: Schreiben Sie uns, was sich geändert hat, was besser sein könnte, was gestrichen bzw. ergänzt werden soll. Wenn sich die Infos direkt auf das Buch beziehen, würde die Seitenangabe uns die Arbeit sehr erleichtern. Gut verwertbare Informationen belohnt der Verlag mit einem Sprechführer Ihrer Wahl aus der über 220 Bände umfassenden Reihe „Kauderwelsch".

Bitte schreiben Sie an:

Reise Know-How Verlag Peter Rump GmbH, Postfach 140666, D-33626 Bielefeld, oder per E-Mail an: info@reise-know-how.de

Danke!

BILDNACHWEIS

Die Kürzel an den Abbildungen stehen für folgende Fotografen, Firmen und Einrichtungen. Wir bedanken uns für die freundliche Abdruckgenehmigung.

Umschlag
und tb Thomas Barkemeier (Autor)
px pixelio.de
fl fotolia.com

Latest News

Unter **www.reise-know-how.de** werden regelmäßig aktuelle Ergänzungen und Änderungen der Autoren und Leser zum vorliegenden Buch bereitgestellt.
Sie sind auf der Produktseite dieses CityTrips abrufbar.

AUF INS VERGNÜGEN

002vc Abb.: tb

VANCOUVER IN VIER TAGEN

Man kann zwar einen Großteil der eigentlichen Sehenswürdigkeiten Vancouvers an einem Wochenende „abhaken“, doch wer Vancouver und seine nähere Umgebung wirklich erleben will, sollte mindestens vier Tage einplanen. Vancouver sollte man sich so weit wie möglich ergehen. Sich die frische Pazifikluft um die Nase wehen lassend und die traumhaften Ausblicke genießend, lässt einen den eigentlichen Reiz der Metropole im wahrsten Sinne des Wortes am „sinnvollsten“ erleben.

▲ *Strand, Park, Skyline - an der English Bay zeigt sich Vancouver von seiner besten Seite*

◀ *Vorseite: Die Vancouver Public Library gehört zu den markantesten Gebäuden der Innenstadt*

TAG 1: VON DEN ANFÄNGEN IN DIE GEGENWART – VON GASTOWN BIS YALETOWN

Vormittags

Beginnen kann man die Stadtbesichtigung dort, wo vor etwa 150 Jahren alles begann. Mit seinen verwinkelten kopfsteingepflasterten Straßen und Gassen, den hübschen Cafés und Spezialitätenläden mutet **Gastown** 8, Vancouvers ältester Stadtteil, fast wie ein mitteleuropäisches Viertel an. Beginnend am Maple Tree Square und vorbei an der stets von Touristen umlagerten Steamclock geht es zum **Vancouver Lookout** 9, einem Aussichtsturm, von dem man einen Panoramablick über das Stadtzentrum und die herrliche Umgebung genießen kann. Durch die gegenüber gelegene Union Station geht es zum Wahrzeichen Vancouvers, dem **Canada Place** 11 mit seinen zahlreichen Sehenswürdigkeiten und wiederum sehr schönen Aussichten. Die sich

003vc Abb.: tb

um den Canada Place und das angrenzende Pan Pacific Hotel gruppierenden Restaurants und Cafés bieten sich für eine kleine Verschnaufpause nebst Mittagessen an.

Nachmittags

Vorbei am Marine Building 12 und der Christ Church Cathedral geht es die breite, leicht ansteigende Burrad Street durch den **„Financial District"** ins eigentliche Stadtzentrum. Architektonische Highlights sind hier mehrere sich um den Robson Square gruppierende Gebäude wie das Gerichtsgebäude, das Vancouver Hotel 3 und die Vancouver Art Gallery 2. Am südlichen Ende der Robson Street 1 findet sich die markante **Vancouver Public Library** 4. Als interessanten Kontrast zum modernen, lebendigen Treiben entlang der Robson Street bietet sich eine Besichtigung des unmittelbar südwestlich anschließenden **West End** 20 an. Ansonsten sollte man sich einfach in den Strom der täglich Zigtausenden kauf- und vergnügungssüchtigen Fußgänger entlang der Robson Street einreihen.

Abends

Mit ihren im Sommer bis 22 Uhr geöffneten Geschäften und unzähligen Restaurants aller Preisklassen ist die **Robson Street** 1 der logische Endpunkt des ersten Tages. Alternativ bietet sich das zentrumsnah gelegene **Yaletown** 22 mit seinen coolen Geschäften und Restaurants an. Hier kann man den Abend auch noch mit einem Spaziergang entlang der Uferpromenade (Seawall 13) ausklingen lassen.

TAG 2: DELFINE, TOTEMPFÄHLE UND EINSAME STRÄNDE – STANLEY PARK

Vormittags

Nachdem der erste Besichtigungstag ganz im Zeichen der Innenstadt stand, empfiehlt sich als Kontrastprogramm am 2. Tag ein Besuch des Stanley Parks 14. Als Ausgangspunkt dient der **Coal Harbour** 21 mit seinen schmucken Jachten, futuristischen Hochhäusern und zahlreichen Cafés und Restaurants. Von hier geht es entlang der Uferpromenade

(Seawall ⑬) und vorbei an der Lost Lagoon zum **Vancouver Aquarium** ⑮, wo man mehrere Stunden zubringen kann. Das hauseigene Café bietet sich für eine kleine Mittagspause an.

Nachmittags

Vom Aquarium ist es nicht weit bis zum **Totem Pole Park.** Entlang der um den Stanley Park führenden Uferpromenade geht es an immer wieder herrlichen Aussichtspunkten wie dem Prospect Point und Stränden, die zum Verweilen einladen, vorbei bis zum **English Bay Beach** ⑱. Der ideale Ort, um zusammen mit den Einheimischen die Sonne im Pazifik versinken zu sehen.

Abends

Die English Bay mit Coal Harbour verbindende **Denman Street** mit ihren Cafés und Restaurants bietet sich als Abschluss des Tages an. Im Übrigen kann man von hier auch gut durch die Straßen des sich unmittelbar anschließenden West End bummeln.

TAG 3: VON MEDITATIVER RUHE BIS ZU BUNTEN MÄRKTEN – CHINATOWN BIS KITSILANO

Vormittags

Nachdem man zum Tagesanfang die meditative Ruhe des **Dr.-Sun-Yat-Sen-Gartens** (s. S. 82) in sich aufgenommen hat, ist man bereit für die „sights & sounds" des sich gleich anschließenden lebhaften **Chinesenviertels** ⑲ um die Pender Street. Von hier geht es zum östlichen Ende des False Creek, wo mit der **Science World** ⑥ eines der beliebtesten Museen der Stadt auf die Besucher wartet.

Nachmittags

Die winzigen Hafenfähren, welche entlang verschiedener Haltepunkte des False Creek fahren, sind das ideale Verkehrsmittel, um zur **Granville Island** ⑦ zu gelangen. Stunden kann man hier beim Bummel über den öffentlichen Markt, beim Einkaufen in den Geschäften oder beim Betrachten der Straßenkünstler verbringen.

Zum Abschluss des Tages sollte man den wiederum mit der Harbour Ferry leicht zu erreichenden **Vanier Park** im Stadtteil Kitsilano ㉔ ansteuern. Sehr besuchenswert ist hier das **H.R. MacMillan Space Centre** (s. S. 33).

Abends

Der Vanier Park ist idealer Picknick- und Sonnenuntergangsort in einem – am besten mit einer köstlichen, zuvor auf Granville Island gekauften Flasche Wein, frischem französischem Baguette und Käse.

TAG 4: FÄHREN, BLUMENBEETE, TEA TIME UND WASSERFLUGZEUGE – AUSFLUG NACH VICTORIA

Vormittags

Ein Genuss an sich ist bereits die anderthalbstündige Fährfahrt durch die zwischen dem Festland und **Vancouver Island** gelegene Inselwelt. Auf dem Weg nach Victoria lohnt ein Zwischenstopp im **Butchard Garden**, wo man in einem der Restaurants und Cafés eine Pause einlegen kann.

▶ *Die Fähren der BC Ferries verbinden Vancouver mit den vorgelagerten Inseln*

DAS GIBT ES NUR IN VANCOUVER

- *Begeisterung pur: Wer zwischen Oktober und April in Vancouver ist, sollte sich im eishockeybegeisterten Vancouver ein Spiel der Vancouver Canucks nicht entgehen lassen.*
- *Köstliches Vergnügen: Vancouvers Restaurants gehören zum Besten, was Kanada kulinarisch zu bieten hat. Besonders die Fusionsküche (die Verbindung einheimischer und asiatischer Gerichte) genießt internationalen Ruf.*
- *Nacktbaden im prüden Nordamerika? Am Wreck Beach (s. S. 37) sonnen sich an warmen Wochenenden Tausende von textillosen Vancouverites.*
- *Schweißtreibend schön: Joggen entlang der die gesamte Innenstadt umlaufenden Uferpromenade (Seawall 13) mit Blick auf die futuristische Skyline und den Pazifik.*
- *Atemberaubend schön: Aus der Vogelperspektive in einem Wasserflugzeug kann man das herrliche Panorama Vancouvers und der umliegenden Landschaft bewundern.*

Nachmittags

Die Innenstadt von **Victoria 31** ist ebenso pittoresk wie übersichtlich, sodass man sie problemlos zu Fuß erkunden kann. Vielleicht bleibt auch noch Zeit für eine stilvolle *teatime* im historischen Empress Hotel (s. S. 100). Ein echtes Highlight ist dann der Flug mit einem Wasserflugzeug vom Inner Harbour über die herrliche Inselwelt zurück zum Coal Harbour 21 in Downtown Vancouver.

Abends

Vom Sea Plane Terminal sind es nur wenige Gehminuten zum **Top of Vancouver** (s. S. 27), wo man den Abend im Drehrestaurant mit herrlicher Aussicht auf Vancouver und Umgebung stilvoll ausklingen lassen kann.

004vc Abb.: tb

ZUR RICHTIGEN ZEIT AM RICHTIGEN ORT

Als eine ebenso junge wie lebensfrohe Stadt mit einem großen ethnischen und kulturellen Mix vergeht kaum ein Wochenende, an dem nicht ein ebenso buntes wie fröhliches und häufig zudem skurriles Fest gefeiert wird. Hauptsaison sind die Sommermonate, in denen vor allem die verschiedenen Ethnien ihre Straßenfeste zelebrieren. Die folgende Auflistung kann dementsprechend nur eine Auswahl aus dem wesentlich größeren Festtagskalender der Stadt darstellen.

JANUAR

› **Push Festival.** Mit seinen innovativen, kreativen und stets ungewöhnlichen Aufführungen aus der Musik-, Opern-, Tanz- und Theaterszene gehört das Push Festival zu den interessantesten Terminen des Festivalkalenders (www.pushfestival.ca).

FEBRUAR

› **Chinese New Year.** Vancouvers mit Abstand größte Ethnie feiert den Beginn des neuen Jahres mit einer Reihe von Events, die sich vornehmlich in und um Chinatown abspielen. Höhepunkt ist die „Dragon Parade“ (www.vancouverchinatown.com).

MÄRZ

› **Vancouver International Dance Festival.** Die ganze Vielfalt zeitgenössischer Tanzkunst mit zahlreichen Vorführungen aus allen Kontinenten der Erde. Hauptaufführungsort ist das Roundhouse Community Arts & Recreation Centre in Yaletown (www.vidf.ca).

APRIL

› **Sun Run.** Mit über 50.000 Teilnehmern gehört der Sun Run zu den größten Stadtrennen Nordamerikas. Die 10 km

005vc Abb.: tb

lange Streckenführung verläuft äußerst attraktiv durch den Stanley Park und entlang des Beach Drive sowie über die Burrad und die Cambie Bridge – eine wundervolle (wenn auch schweißtreibende) Art, die Innenstadt Vancouvers kennenzulernen (www.sunrun.com).

MAI

- **Vancouver International Marathon.** 42,195 km sind sicher nicht jedermanns Sache, doch selbst wer nicht an diesem alljährlich am ersten Maiwochenende stattfindenden Marathon durch eine der schönsten Städte der Welt (www.bmovanmarathon.ca) teilnimmt, sollte sich die tolle Atmosphäre nicht entgehen lassen.

JUNI

- **Francophone Summer Festival.** Kanadas frankophones Erbe wird mit Musikern aus Quebec und der gesamten französischsprechenden Welt auf diesem einwöchigen Musikfestival zelebriert (www.lecentreculturel.com).
- **Vancouver International Jazz Festival.** Gastown, Yaletown und Granville Island sind die Hauptaufführungsorte dieses größten Musikfestivals der Stadt. Nationale und internationale Stars treten häufig auf öffentlichen Bühnen, zum Teil sogar bei freiem Eintritt auf (www.coastaljazz.com).
- **Alcan Dragon Boat Festival.** Über 2000 Teilnehmer in ihren bunten Booten bieten sich faszinierende Rennen auf dem False Creek. Akustisch untermalt wird das Spektakel von engagiert mitgehenden Trommlern. Musik, Theateraufführungen und Essensstände machen das Drachenbootfestival zu einem der beliebtesten Feste der Stadt (www.adbf.com).

◄ *Die Strecke des im April stattfindenden Sun Run verläuft auch über die Burrard Bridge*

JULI

- **Canada Day Celebration.** Patriotisch und doch ganz und gar relaxed wird vornehmlich im Bereich des Canada Place der Gründungstag des Landes am 1. Juli 1867 bei Musikveranstaltungen, Essensständen und abendlichem Feuerwerk gefeiert (www.canadadayatcanadaplace.com).
- **Vancouver Folk Music Festival.** Jedes Jahr Mitte Juli treffen sich Zigtausende von Vancouverites am Jericho Beach, wo einige der bekanntesten Folkloremusiker des Landes auf sieben Bühnen auftreten – die tolle Kulisse mit dem Pazifik, Downtown und Küstenbergen macht das Ganze noch vergnüglicher (www.thefestival.bc.ca).
- **Festival Of Lights.** Vancouvers spektakulärstes und beliebtestes Festival. Zum größten von Musik begleiteten Feuerwerkswettbewerb der Welt treffen sich jedes Jahr Hunderttausende begeisterter Zuschauer an vier Wochenenden Ende Juli/Anfang August an der English Bay (www.hsbccelebrationoflight.com).

AUGUST

- **Pride Week.** Anfang August eine einwöchige Darbietung schwul-lesbischer Shows, Partys und Konzerten, welche mit der über 200.000 Teilnehmer anziehenden Straßenparade entlang der Denman St. und Davie St. ihren Höhepunkt findet (www.vancouverpride.ca).
- **Festival Vancouver.** Mitte August ist auf diversen über die Stadt verteilten

Bühnen ein buntes Kaleidoskop musikalischer Genres (Jazz, Chor- und Orchestermusik, Welt- und Kammermusik) zu erleben. Auf der Rückseite der Vancouver Art Gallery finden täglich kostenlose Konzerte statt (www.festivalvancouver.bc.ca).

- **Vancouver International Fringe Festival.** 500 Aufführungen von 65 vornehmlich der Kleinkunstszene zuzuschreibenden Theaterensembles aus Kanada und der ganzen Welt. Das auf eine über 25-jährige Tradition zurückblickende zehntägige Fringe Festival gehört zu den beliebtesten Größen des Festtagskalenders von Vancouver (www.vancouverfringe.com).
- **Global Comedy Fest.** Ist man des Englischen mächtig, lacht man sich kaputt – aber auch sonst lohnt ein Besuch des jedes Jahr in der zweiten Augusthälfte stattfindenden Comedyfestivals. Kanadische und internationale Satiriker, Komiker und Kabarettisten treten während des zehntägigen Festes auf diversen Bühnen auf (www.vancouvercomedyfest.com).

SEPTEMBER/OKTOBER

- **Vancouver International Film Festival.** Der Schwerpunkt dieses 17-tägigen Festivals liegt auf unabhängigen einheimischen wie internationalen Produktionen. Jedes Jahr sehen 150.000 Cineasten die über 300 Filme aus 60 Ländern. Besonders bei Dokumentarfilmen und Filmen aus dem ostasiatischen Raum gilt das VIFF als eines der bedeutendsten Fimfestivals weltweit (www.viff.org).

DEZEMBER

- **Christmas Carolship Parade.** Ungefähr 100 mit über 100.000 Glühlampen dekorierte Boote fahren/segeln in einer Prozession durch den False Creek zur English Bay. Über 200.000 Zuschauer an den Ufern und Brücken erfreuen sich an der von Weihnachtsmusik umrahmten weihnachtlichen Parade (www.carolships.org).

KANADISCHE FEIERTAGE

- **New Year's Day** (1. Januar)
- **Good Friday** (Karfreitag)
- **Easter Sunday/Easter Monday** (Ostersonntag/Ostermontag)
- **Victoria Day** (Montag vor dem 25. Mai)
- **Canada Day** (1. Juli, Nationalfeiertag)
- **Labour Day** (1. Montag im September)
- **Thanksgiving** (2. Montag im Oktober, Erntedankfest)
- **Remembrance Day** (11. November, Volkstrauertag)
- **Christmas Day** (25. Dezember)
- **Boxing Day** (26. Dezember)

VANCOUVER FÜR CITYBUMMLER

Müßiggang statt Sehenswürdigkeiten abhaken, bummeln statt hasten – wer diese Einstellung bei der Stadterkundung an den Tag legt, wird das, was das spezielle Flair Vancouvers ausmacht, letztlich schneller erleben als jener Reisende, der möglichst schnell alles gesehen haben möchte.

Vancouvers atemberaubende Einbettung in die sie umgebende Natur und die spezifische relaxte Lebensweise erlebt man am besten von der die gesamte Innenstadt umlaufenden **Uferpromenade** (Seawall 13). Beim Neben- und Miteinander von Fußgängern, Fahrradfahrern, Inlineskatern und Joggern passiert man mit dem Stanley Park, diversen Stränden wie English Bay, dem Canada Place und futuristischen Wohnvierteln wie Yaletown und Coal Harbour nicht nur einige der attraktivsten Sehenswürdigkeiten der Stadt, sondern spürt so auch die jugendliche Dynamik und Toleranz der Stadt hautnah. Das gilt umso mehr für die mit dem Seawall per Fähre über den False Creek verbundenen Granville Island.

Sich Zeit nehmen und eintauchen in die spezifische Lebensatmosphäre gilt auch als Motto beim Besuch der die ethnische und kulturelle Vielfalt widerspiegelnden **Stadtviertel** *(neighbourhoods)*. Ob nun im von Geschäftigkeit geprägten Chinatown, dem hippen Yaletown, im historischen Gastown, dem ehemals alternativen, inzwischen wohlsituierten Kitsilano oder dem immer noch alternativen Commercial Drive – jedes dieser Viertel repräsentiert ein buntes und interessantes Teilchen im vielschichtigen Mosaik Vancouvers.

Von hektischer Betriebsamkeit ist die unmittelbare Innenstadt entlang der **Haupteinkaufsstraße Robson Street** ❶ geprägt. Hier und in unmittelbarer Umgebung finden sich auch mit der Vancouver Art Gallery, dem Vancouver Hotel, dem Living Shangri-La und der Public Library vier der markantesten Gebäude der Stadt. Epizentrum des Nachtlebens ist die von der Robson Street abzweigende Granville Street mit legendären Veranstaltungshallen wie dem Orpheum und der Commodore Ballroom. Leben und Leute an sich bei einem gemütlichen Kaffee vorbeiziehen zu lassen – die vielen Cafés entlang der Robson Street bieten sich hierzu ideal an.

Nur wenige Gehminuten von der hektischen Konsummeile entfernt findet man sich im angrenzenden Stadtteil West End mit dem lieblichen **Mole Hill** in eine andere Welt versetzt. Nicht glitzernde Häuserfassaden bestimmen hier das Bild, sondern über 100 Jahre alte viktorianische Holzhäuser mit Veranda, kleinem Vorgarten und angrenzenden Parks.

Egal, wonach einem nun gerade zumute ist: Shopping, Nightlife, Kaffeekultur, Wandern, Sightseeing, Menschenmassen oder einsame Natur – Vancouver bietet für jeden etwas. Und zwar immer zum Greifen nah – egal, wo man sich gerade befindet.

006vc Abb.: tb

▶ *Vancouver Lifestyle: relaxen bei Bier und Burger mit Blick auf Coal Harbour* ㉑

VANCOUVER FÜR KAUFLUSTIGE

Wie jede andere Weltstadt mit einer kaufkräftigen, konsumfreudigen Bevölkerung und jährlich Hunderttausenden von Touristen bietet Vancouver ein kaum noch zu überblickendes Angebot an Einkaufsmöglichkeiten.

Neben der von Einheimischen wie Touristen meistfrequentierten Shoppingmeile Robson Street bieten sich für den etwas ausgefalleneren Geschmack die diversen **Viertel** *(Neighbourhoods)* mit ihren individuelleren Geschäften und Boutiquen an (siehe Exkurs „Neighbourhood Shopping").

Die in Downtown gelegene **Robson Street** 1 (www.robsonstreet.ca) ist genau genommen etwa 6,5 km lang. Hauptschlagader für die Vergnügungs- und Kauflustigen ist der Bereich zwischen Granville und Bute Street. Die Anzahl an Mode-, Schmuck- und Schuhgeschäften ist schwindelerregend, wobei hier neben internationalen Ketten (Banana Republic, Levis und Zara) auch eine Reihe spezifisch kanadischer Anbieter wie Roots, bebe und lulu lemon angesiedelt sind. Der Bereich um das Vancouver Hotel an der Kreuzung zu Alberni Street und West Georgia ist das Mekka für Luxusmarken wie Gucci, Hermes und Tiffany. Bei Regen kann man sich in das gleich daneben gelegene Pacific Centre (s. S. 17) flüchten. Wer es billiger und alternativer vorzieht, sollte sich im Bereich Robson und Granville Street umschauen.

Die großen **Einkaufszentren** *(Malls)*, von denen allein zwei im Stadtzentrum angesiedelt sind, bieten nach dem Motto „If we don't have it, you don't need it" eine Riesenauswahl unter einem Dach. Besonders beliebt sind sie bei den Einheimischen im durch häufige Regenfälle geprägten Winter.

EINKAUFSZENTREN

1 [H3] **The Bay**, 674 Granville St., www.hbc.com/bay. Kanadas ältestes Kaufhaus mitten im Stadtzentrum mit Schwerpunkt auf Modegeschäften auf mehreren Etagen.

2 [ek] **Metrotown**, 4700 Kingsway, www.metropolisatmetrotown.com. British Columbias größtes

NEIGHBOURHOOD SHOPPING

- ***Commercial Drive*** *23 (www.thedrive.ca). Das bewusste Gegenstück zur geleckten Konsummeile der Robson Street – Alternativkultur statt Yuppiehedonismus. Nicht durchgestylte, von internationalen Ketten beherrschte Konsumtempel, sondern über 300 zumeist in Privatbesitz befindliche Geschäfte mit ausgefallenen Modegeschäften, Antiquariaten, Läden mit Möbeln aus den 1950er- und 1960er-Jahren, alternativen Health- und Foodstores sowie auf organische Gerichte spezialisierten Restaurants und Cafés.*
- ***Gastown*** *8. Noch vor wenigen Jahren eine etwas heruntergekommene Gegend mit billigen Touristenläden, haben sich in den alten Waren- und Bürohäusern entlang der Water Street zahlreiche innovative Designgeschäfte, Einrichtungshäuser, Galerien und Modehäuser eingemietet. Herausragende Beispiele sind „Vancouver's own" John Fluevog mit seinen ausgefallenen Schuhkreationen, Koolhaus mit Designerbetten und Büroeinrichtungen sowie*

Einkaufszentrum mit über 470 Geschäften und Restaurants. Etwas außerhalb, aber problemlos mit dem Skytrain zu erreichen.

3 [H3] **Pacific Centre,** 701 West Georgia St., www.pacificcentre.ca. Downtowns größtes Einkaufszentrum, welches sich, zum Teil unterirdisch, von der West Georgia bis zur Dunsmuir St. zieht. Neben Mode, Elektronik sowie Haushalts- und Kosmetikwaren auch ein sehr beliebter Food Court.

MODE UND ACCESSOIRES

4 [G2] **Aritzia,** 1110 Robson St. (und weitere Filialen), www.aritzia.com. High-End-, Hightechmode für junge, immer auf den neuesten Trend bedachte Käuferinnen.

5 [cj] **Bacci's,** 2788 W Granville St., www.baccis.ca. Avantgarde-Designer wie Gucci, Chloé und Gaultier für die Reichen und Schönen.

6 [G2] **bebe,** 1000 Robson St., www.bebe.com. Sehr beliebt bei

Obakki mit seiner Kollektion herausragender kanadischer Herrenmodedesigner. In den Seitenstraßen wie Cordova und Carall Street haben sich eine Reihe unabhängiger, ausgefallener Läden angesiedelt.

› ***Granville Island*** *7 (www.granvilleisland.com). Das Paradebeispiel gelungener Sanierung zieht jedes Jahr Millionen von Besuchern an. Neben dem Public Market bieten die im Net-Loft-Gebäude angesiedelten Spezialgeschäfte eine große Palette von meist handgemachten Produkten. Das Angebot reicht von Indianerkunst der Nordwestküste über Töpferwaren und Glasmalereien, Kunsthandwerk aus Indien bis hin zu Büchern, Brillen und optischen Geräten. Der Kids Market bietet eine Riesenauswahl an einfallsreichen Kinderspielzeugen.*

› ***South Granville*** *[E6] (www.southgranville.org) ist aufgrund seiner Nähe zu Downtown immer einen Besuch wert. Der etwa einen Kilometer lange Abschnitt von der Granville Bridge entlang der Granville Street bis zur W 16th Ave. ist Heimat einer Reihe qualitativ ausgezeichneter Mode- und Schmuckgeschäfte (Lucky Jeans), Kunstgalerien (Bau-Xi Gallery), Einrichtungshäusern (K Interiors) und – wie immer im Gourmetparadies Vancouver – Restaurants (Chow).*

› ***South Main (SoMa)*** *[J6]: Smoking Lilly, Lucky's Comics, Jonathan and Olivia, Legends, Retro Fashion – so individuell wie die Namen einiger der über 100 Läden entlang der sich südlich von Chinatown erstreckenden Main Street ist auch das Lebensgefühl dieses von den Einheimischen kurz SoMa genannten Viertels. Noch bis Anfang 2000 ein vernachlässigtes Viertel, gilt speziell der Bereich zwischen 6th und 10th sowie 20th und 29th mittlerweile als der Geheimtipp für gehobene Alternativkultur.*

› ***Yaletown*** *22. Das Mekka der Yuppiegeneration. Design- und Modegeschäfte für das ebenso gehobene wie junge und stilbewusste Publikum. Hip sind nicht nur die Modegeschäfte wie Global Atmic Design, Atomic Model und Vasanji, sondern auch die Einrichtungsgeschäfte (Chintz and Company, The Cross, Marimekko Concept Store). Neben den zumeist verkehrsfreien Straßen tragen auch die zahlreichen Restaurants und Cafés zum Kaufvergnügen bei.*

Einheimischen wie Touristen mit körperbetonter Kleidung und Accessoires ausschließlich für Frauen.

7 [I2] **The Block,** 350 W Cordova St., www.theblock.ca. Eine Vancouver Institution mit den führenden Alternativdesigner-Kreationen.

8 [cj] **Hill's of Kerrisdale,** 2125 W 41st Ave., www.hillsofkerrisdale.com. Seit 1914 finden sich hier Kleidung, Modeschmuck und Schuhe für Frauen, Männer und Kinder unter einem Dach.

BÜCHER

9 [H3] **Albion Books,** 523 Richards Street. Sehr persönlicher Laden zum Kaufen von gebrauchten Büchern und Schallplatten.

10 [G3] **Chapters,** 788 Robson St. (und weitere Filialen), www.chapters.indigo.ca. Sich über mehrere Etagen erstreckendes Kaufhaus mit Büchern und einer kleineren Jazz- und Weltmusik-Abteilung.

11 [bi] **Kidsbooks,** 3083 W Broadway (und weitere Filialen), www.kidsbooks.ca. Tausende von Büchern für Kinder und Jugendliche in diesem Geschäft mit äußerst hilfsbereitem Personal.

12 [H3] **MacLeod's Books,** 455 W Pender St. Herrliches Antiquariat mit bis unter die Decke gestapelten Büchern; spezialisiert auf Geschichtsbücher.

13 [E6] **Mayfair News,** 1535 W Broadway. Sie suchen den „Spiegel", die „Zeit" oder die „Süddeutsche Zeitung"? Hier finden Sie sie!

► *Der Granville Island Public Market ist täglich Ziel Tausender von Einheimischen und Touristen*

LEBENSMITTEL UND KULINARISCHES

14 [E1] **Capers,** 1675 Robson St. Die Adresse für Vegetarier und Anhänger naturbelassener Nahrung. Angeschlossen ist ein kleines Café.

15 [H3] **Marketplace Iga,** 489 Robson St. Ausgezeichneter Supermarkt in Downtown mit mehreren Delis (Feinkostläden) und Take-aways, rund um die Uhr geöffnet.

16 [cj] **Meinhardt Fine Food,** 3002 Granville Street. Hier findet man umfangreiche Auswahl an Gourmetspeisen und aus Europa und Asien importierten Leckereien.

17 [E4] **Granville Island Public Market,** 1669 Johnston St, www.granvilleisland.com/public_market. Ein Riesenangebot an qualitativ ausgezeichneten Waren wie Obst, Gemüse, Backwaren, Fisch und Fleisch. Das alles unter einem Dach und bevölkert von Tausenden von Einheimischen und Touristen.

18 [I2] **So.cial at le Magasin,** 332 Water St. Im Herzen von Gastown findet sich dieses Geschäft mit Restaurant, Fleischerei und Deli unter einem Dach, das köstliche Sandwiches zum Mitnehmen anbietet.

19 [B5] **Terra Breads,** 2380 W 4th Ave. (und weitere Filialen). Köstliche Backwaren aus dem Steinofen. Das nach Originalrezept gebackene Baguette und das Schwarze-Oliven-Brot gehören zu den langjährigen Favoriten.

20 [G4] **Urban Fare,** 177 Davie St. (und weitere Filialen). In diesem ebenso gehobenen wie hippen Supermarkt kann man ausgezeichnete Backwaren, Obst und Gemüse sowie Produkte aus der ganzen Welt kaufen. Sehr gut sind das angeschlossene Café und die Food Bar, wo man zwischen den vorgefertigten Speisen wählen kann.

MÄRKTE

Ein Erlebnis der besonderen Art ist der Besuch eines Freiluftmarktes. Dabei sind folgende drei empfehlenswert:

31 *[J3]* ***Chinatown Night Market,*** *100-200 Keefer St. Kleiner, aber speziell nach Sonnenuntergang sehr stimmungsvoller Nachtmarkt mit billigen Markenartikeln und köstlichen chinesischen Essständen. Mitte Mai bis Mitte September, Fr.-So. 18.30-23 Uhr.*

32 ***Richmond Night Market,*** *12631 Vulcan Way, Mitte Mai bis Mitte September, Fr./Sa. 19-23 Uhr, www.richmondnightmarket.com. Obwohl erst im Jahr 2000 ins Leben gerufen, hat sich der Nachtmarkt im Stadtteil Richmond zum mit Abstand beliebtesten Freiluftmarkt Vancouvers entwickelt. Über zwei Millionen Besucher strömen in den Sommermonaten zu diesem Festival der Farben, Gerüche und Klänge. Angesichts der Menschenmassen und umgeben vom Geruch der über 70 Essensstände fühlt man sich wie im Herzen eines Basars. Die über 400 Aussteller bieten alles vom Designershirt über das neueste Handy bis hin zu (vermeintlichen) Antiquitäten. Wegen des zur Zeit der Drucklegung wahrscheinlichen Standortwechsels sollte man sich vor dem Besuch auf der Webseite informieren sollte.*

33 *[di]* ***Vancouver Flea Market,*** *703 Terminal Ave., Sa./So. 9-17 Uhr, Feiertage 10-16 Uhr, www.vancouverfleamarket.com. Mit über 360 Verkaufsständen ist dieser jedes Wochenende und an den meisten Feiertagen geöffnete größte Flohmarkt Vancouvers ein Paradies für Schnäppchenjäger.*

MUSIK

21 [G2] **HMV,** 788 Burrad St. (und weitere Filialen), www.hmv.ca. Megastore mit riesigem Angebot an CDs, Schallplatten und einer Abteilung mit Büchern über Musik.

22 [cj] **Neptoon Records,** 3561 Main St., www.neptoon.com. Dieser Laden bietet eine ebenso umfangreiche wie sympathische Mischung aus alten Schallplatten und Erinnerungsstücken wie bis in die 1960er-Jahre zurückreichende Poster.

23 [C5] **Zulu Records,** 1972 W 4th Ave., www.zulurecords.com. Spezialisiert auf New Wave, Punk, Hip-Hop und Rap, vertreibt eigenes Musiklabel.

KURIOSES, SOUVENIRS, NATIVE ART

24 [E5] **Gallery Indigena,** Johnston Street (Granville Island), www.galleryindigena.com. Skulpturen und Masken der Indianer der Nordwestküste, Drucke und Gemälde sowie Schmuck.

› **Inuit Gallery of Vancouver,** 206 Cambie St., www.inuit.com. Der Schwerpunkt dieser Galerie im Herzen Gastowns liegt auf Skulpturen und Grafiken der Inuit, es finden sich jedoch auch kunstvolle Schnitzereien und Schmuck der Nordwestküstenindianer (s. S. 35).

26 [E5] **Kids Market,** 1496 Cartwright St., www.kidsmarket.ca. Insgesamt 28 Geschäfte unter einem Dach auf Granville Island, die vom Schmuck über CDs und Zauberartikel alles anbieten, was Kinderherzen höherschlagen lässt.

27 [E5] **Net Loft,** 1666 Duranleau St. Über 20 vornehmlich auf kunsthandwerkliche Waren spezialisierte Geschäfte unter einem Dach auf Granville Island, deren Angebotsvielfalt von Textilien aus Indien über Töpferkunst und Glaswaren bis zu ausgefallenen Brillen reicht.

MUSEUMSSHOPS

Die fast jedem Museum angeschlossenen Museumsshops bieten sich aus drei Gründen als Kaufalternativen an. Zum einen findet man hier ausgefallene Ware, die kein anderes Geschäft der Stadt im Angebot hat. Zweitens handelt es sich dabei häufig um höherwertige Artikel, die sich deutlich vom Massenprodukt à la „Made in China" abheben. Schließlich unterstützt man mit jedem Kauf die Kunstszene, die sich in Kanada fast ausschließlich selbst finanzieren muss.

*Nicht nur wegen seiner zentralen Lage ist der Museumsshop der **Vancouver Art Gallery** 2 am Robson Square besonders beliebt. Die Angebotsvielfalt reicht vom attraktiven Regenmantel über Kaffeebecher, Vasen und Handtaschen bis zu Schmuck und Fotobüchern.*

*Qualitativ am besten bestückt ist der Museumsshop des **Museums of Anthropology** (s. S. 33). Die Auswahl an hervorragenden Kunstobjekten der Nordwestküstenindianer ist einzigartig in Vancouver. Für die von bekannten First-Nations-Künstlern hergestellten Masken, Totempfähle sowie Schmuck- und Kleidungsstücke muss man allerdings tief in die Tasche greifen.*

*Vergleichsweise preiswert sind dagegen die dem **Vancouver Aquarium** 15 und der **Science World** 6 angeschlossenen Geschäfte. Übrigens können alle genannten Shops auch ohne den Besuch der Museen betreten werden.*

SPIRITUOSEN

28 [D5] **Edgemont Village Wines,** 1811 W 1st Ave., www.villagevqawines.com. Die beste Auswahl an Weinen aus British Columbia.

29 [cj] **Firefly Fine Wines and Ales,** 2857 Cambie St. Umfangreiches Angebot an internationalen Weinen und Bieren, www.fireflyfinewinesandales.com.

30 [G2] **Signature BC Liquor Store,** 1120 Alberni St. (und weitere Filialen), www.bcliquorstores.com. Staatlicher Alkoholladen mit einer großen Auswahl an Bier, Wein, Whisk(e)y und anderen alkoholischen Getränken im Stadtzentrum.

VANCOUVER FÜR GENIESSER

Von der Fast-Food-Metropole des Westens zum fine dining – abgesehen von der Architektur schlägt sich Vancouvers Aufstieg von einer netten, aber abgelegenen Westküstenstadt zu einer Metropole mit Weltrang nirgends derart ausgeprägt nieder wie in der kulinarischen Entwicklung der letzten Jahre. Statt am profanen Burger mit Fritten laben sich die in der Zwischenzeit wohlhabend und anspruchsvoll gewordenen Vancouverites an Wildlachs mit Couscous und Lobster mit Coconut Masala.

Kaum eine Gegend ist besser geeignet für die hier vor ein paar Jahren ins Leben gerufene **100-Mile Diet** (s. S. 22). Der schon von den Ureinwohnern geschätzte Fischreichtum des Pazifiks zusammen mit dem Wild, mit Gemüse und Früchten der angrenzenden ganzjährig mildes Klima genießenden Westküstenwälder beschert dem Großraum Vancouver einen einzigartigen kulinarischen Reichtum. Hinzu kommt die für die Stadt so charakteristische ethnische Vielfalt. Die über ein Jahrhundert zurückreichende Einwanderung zahlreicher Menschen aus europäischen und asiatischen Ländern hat dazu geführt, dass man hier so authentisch chinesisch, italienisch, griechisch, spanisch oder indisch essen kann wie in den Ursprungsländern. Besonderer Beliebtheit erfreut sich die **West Coast Cuisine,** eine Kombination aus in der Region vorhandenen Nahrungsmitteln (vornehmlich Fisch) mit asiatischen Einflüssen. Die internationalen Ruf genießenden Chefköche der städtischen Edelrestaurants finden quasi „vor der Haustür" Vancouvers fast alles, was sie für ihre raffinierten Kreationen benötigen: Heilbutt von den Queen Charlotte Islands, Lachs aus dem Fraser River, Jakobsmuscheln aus Tofino an der Westküste Vancouver Islands, Lamm und Ziegenkäse von Saltspring Island sowie Gemüse und Obst aus dem Okanagan Tal sind hierbei nur eine kleine Auswahl. Vancouver hat sich den Ruf als eine der besten Adressen für **Fusionsküche** in Nordamerika erworben und gilt neben Toronto und Montreal als erste Gourmetadresse Kanadas.

Das kulinarische Angebot ist derart flächendeckend, dass man, egal wo man sich gerade in Vancouver befindet, immer sicher sein kann, ein Restaurant in unmittelbarer Nähe zu finden. Eine **besondere Dichte an guten Lokalen** findet sich in der Innenstadt entlang der Robson und Denman Street, in Yaletown in der Hamilton Street, in Gastown in der Water Street sowie in der 4th West Ave. in Kitsilano.

Die **Öffnungszeiten** liegen gewöhnlich zwischen 11.30 und 14.30 Uhr

AUS DER NOT EINE TUGEND MACHEN – 100-MILE DIET

Die erstaunliche Erfolgsgeschichte der Ernährungskampagne 100-Mile Diet ist ein Musterbeispiel dafür, wie man mit Kreativität und Neugierde aus der Not eine Tugend machen kann. Alles begann im August 2004. ***Alisa Smith und J. B. MacKinnon*** *mussten gegen Ende ihres Urlaubs in ihrer im hohen Norden British Columbias gelegenen Hütte feststellen, dass ihre Essensvorräte fast gänzlich aufgebraucht waren. Da der für solche Fälle übliche Gang zum Supermarkt um die Ecke ausfallen musste, blieb ihnen nichts anderes übrig, als die zum Abendessen eingeladenen Gästen* ***mit dem Angebot der sie umgebenden Natur zu bewirten.*** *Und siehe da, der Tisch war reichlich gedeckt. Sie fingen eine Forelle aus dem vorbeifließenden Skeena-Fluss, sammelten Beeren, Hagebutten, Pilze und Löwenzahn aus den umliegenden Wäldern sowie Kartoffeln und Knoblauch aus dem Garten. Das Festessen war ein derartiger Erfolg, dass das Paar nach ihrer Rückkehr in ihr Apartment in Vancouver beschloss,* ***nur noch lokales Essen zu sich zu nehmen.***

Aus der allgemeinen Vorgabe wuchs die konkrete Idee, für ein Jahr, beginnend mit dem offiziellen Frühlingsbeginn am 21. März, ausschließlich Nahrungsmittel, welche in einem Umkreis von 100 Meilen wachsen, zu konsumieren.

Im Juni begann das Pärchen, beide von Beruf Schriftsteller, ihre Erfahrungen mit der 100-Mile Diet in einem Onlinemagazin niederzuschreiben. Die Artikel erregten ein außergewöhnlich großes Interesse bei Lesern und der einheimischen wie internationalen Presse. Als Folge startete das Paar eine eigene ***Webseite, www.100milediet.org,*** *und begann ein Buch zu schreiben. Nachdem „The 100-Mile Diet: A Year of Local Eating" am 12. März 2007 in Kanada erschien, kletterte es bis auf Nr. 4 der* ***Bestsellerliste,*** *wo es insgesamt 20 Wochen verblieb. Ein großer Erfolg, zumal die Autoren mehrfach für ihr Werk ausgezeichnet wurden und das Buch auch in den USA veröffentlicht wurde und gute Kritiken erhielt.*

Innerhalb kürzester Zeit zog die Idee im wahrsten Sinne des Wortes immer weitere Kreise. So werden inzwischen fast in jeder Stadt an Wochenenden sogenannte ***„Farmers Markets"*** *abgehalten, auf denen die lokalen Bauern ihre Produkte anbieten. Viele Restaurants machten sich die Popularität des Themas zunutze, indem sie* ***100-Mile-Speisekarten*** *einführten und im Fernsehen sind 100-Mile Diet Cooking Shows zu sehen. In verschiedenen Regionen erfuhr die Idee leichte Veränderungen. Anstatt eines genau vorgegebenen Meilen-Radius dienen die Grenzen von Bundesstaaten als*

(Mittagessen) und 17.30 und 22 Uhr (Abendessen). Etliche Restaurants haben jedoch durchgehend geöffnet, und das in der Regel sieben Tage die Woche. Wenn überhaupt, ist gewöhnlich der Montag der Ruhetag. Generell gilt die Regel, dass je höher die Preiskategorie, desto empfehlenswerter eine telefonische Reservierung. Dies gilt speziell an Wochenenden und im Bereich Robson Street, Yaletown und Kitsilano.

Parameter. So in Manitoba, wo eine von der Regierung unterstützte „Made-in-Manitoba"-Ernährungskampagne großen Zulauf erhielt. Auch die auf Fahrradanhängern durch die Straßen zu den Haushalten der Konsumenten transportierten Gemüse- und Obstcontainer lokaler Bauern sind ein Resultat der Bewegung.

Wirklich neu war die Idee, nur in einem begrenzten geografischen Rahmen produziertes Essen zu konsumieren, allerdings nicht. In Vancouver gab es bereits seit Mitte der 1990er-Jahre einige Restaurants, die ihre Zutaten vornehmlich auf lokalen Märkten besorgten. Man kann den Erfolg der 100-Mile Diet wohl auch mit dem perfekten Timing begründen, kam sie doch zeitgleich mit diversen anderen Initiativen auf, deren Ziel eine gesündere Ernährung unter besonderer Berücksichtigung der lokalen Gegebenheiten war. Die sogenannte ***Locavore-Bewegung*** *hat ihre Ursprünge bereits in den 1960er-Jahren, als sich die Umweltbewegung noch in den Kinderschuhen befand.*

Unter dem Motto ***„Think globally, act locally"*** *wird im Zeichen genmanipulierter Nahrungsmittel ein verändertes Essverhalten der Bevölkerung als ein zentraler Bestandteil der weltweiten Umweltbewegung gesehen. Nicht nur, dass vor Ort produziertes Obst, Gemüse, Brot und Fleisch wesentlich frischer schmeckt und wesentlich weniger, wenn überhaupt Fremdstoffe aufweist, wird als Argument angeführt. Gerade im Zeichen der globalen Erderwärmung sollen mit der „Zurückwendung" zur heimischen Scholle auch die negativen Auswirkungen des täglichen Transports von Millionen Tonnen Nahrungsmitteln rund um den Globus eingedämmt werden. Von Kritikern wird darauf hingewiesen, dass der Transport nur einen Anteil von 4 % des Kohlendioxidaustoßes der gesamten Nahrungsmittelindustrie ausmacht. Dementsprechend kann es gerade aus umweltpolitischen Gründen für z. B. einen Engländer sehr wohl mehr Sinn machen, ein in Neuseeland großgezogenes Lammfleisch zu essen als ein einheimisches. Im Übrigen trägt gemäß einer wissenschaftlichen Studie die Umstellung auf vegetarische Nahrung wesentlich mehr zur Entlastung der Erdatmosphäre bei als die Lokalfood-Initiative.*

Alisa Smith und J. B. MacKinnon, die Initiatoren der 100-Mile Diet, sehen all das recht gelassen. Beide haben entscheidenden Anteil an dem in den letzten Jahren bei breiten Bevölkerungsschichten ***gewachsenen Bewusstsein für gesunde Ernährung*** *und sind bis heute der 100-Mile Diet treu geblieben. Mit zwei Ausnahmen: Bier und Schokolade. Wer könnte da nicht mitfühlen?*

Neben einem allgemeinen **Rauchverbot** gilt in fast allen Restaurants die **„Wait-to-be-seated-Regel"**, wonach man im Eingangsbereich warten muss, bis einem ein spezieller Tisch zugewiesen wird. Bezüglich der Essenspreise ist zu bedenken, dass dem auf der Karte ausgewiesenen Preis nicht nur automatisch 14 % Steuern zugeschlagen werden, sondern auch erwartet wird, dass vom Gast hierzu noch einmal 15 %

Trinkgeld addiert werden. Die meisten Lokale bieten speziell auf Büroangestellte zugeschnittene **„lunch specials“**, die deutlich unter den Preisen für ein Abendessen liegen. Speziell an Wochenenden empfiehlt sich eine telefonische Vorreservierung.

Die für die Kanadier im Allgemeinen und die Westküstenbewohner im Speziellen charakteristische relaxte Unkompliziertheit hat den schönen Nebeneffekt, dass man sich um „korrekte“ Bekleidung keine Gedanken machen muss – „as long as you feel good it's all good ...“.

▲ *Relaxen beim Milchkaffee oder schwitzen beim Joggen: in Yaletown kann jeder nach seiner Fasson glücklich werden*

HERVORHEBENSWERTE LOKALE

West Coast Cuisine

34 [B5] **Bishop** $$$, 2183 West 4th Ave., www.bishopsonline.com, Tel. 6047382025. John Bishop ist der Urvater all dessen, was sich heute stolz Westküstenküche nennt. Lange bevor es modern wurde, setzte er konsequent auf lokale, organische und gleichzeitig hochwertige Küche. Seit über 20 Jahren die beste Adresse für *fine dining* in Vancouver.

35 [C1] **Fish House in Stanley Park** $$-$$$, 8901 Stanley Park Dr., www.fishhousestanleypark.com,

RESTAURANTKATEGORIEN

Preise für ein Menü ohne Getränke:

$	bis C$ 12
$$	bis C$ 25
$$$	ab C$ 25

Essen mit der ganzen Familie

44 [bi] **Burgoo** $-$$, 4434 West 10th Ave. (weitere Filialen in der Stadt), Tel. 6042217839, www.burgoo.ca. Das gemütlich-rustikale Ambiente mit Holz und Kamin sowie die umfangreiche Speisekarte mit magenfüllenden Gerichten zum kleinen Preis machen das Burgoo zu einem alteingesessenen Favoriten bei Familien.

45 [D6] **Incendio West** $-$$, 2118 Burrad St., Tel. 6047362220, www.incendio.ca. Riesenauswahl an Nudelgerichten, Salaten und Pizzen zu kleinen Preisen in einfachem, aber gemütlichem Ambiente.

46 [di] **Little Nest** $-$$, 1716 Charles St., Tel. 6042519994, www.littlenest.ca. „Healthy and Fun“ ist das Motto dieses ganz auf Eltern mit Kindern zugeschnittenen Lokals. Eine Kinderecke mit angeschlossener Küche zum Ausprobieren für die zukünftigen Chefköche sowie „fruit fries“, „alphabetty soup“, „all-day breakfasts“, leckere Salate und „fair-trade coffee“ – ideal zum Brunchen.

47 [C5] **Rocky Mountain Flatbread Company** $-$$, 1876 West 1st Ave., Tel. 6047300321, www.rockymountainflatbread.ca. Gemütliche Holzofen-Pizzeria, die rein organische Zutaten verwendet. Sonntag und Montag sind „Family Nights“: Während die Eltern bei einem Glas Wein oder Bier ausspannen, backen die Kleinen ihre eigene Pizza in der Küche.

48 [bi] **Tomato Fresh Food Café** $$, 2486 Baywater St., Tel. 6048746020, www.tomatofreshfoodcafe.com. Bei Einheimischen seit vielen Jahren beliebter Diner in Kitsilano.

49 [F1] **White Spot** $-$$, 1616 West Georgia St. (weitere Filialen in der Stadt), Tel. 6046818034, www.whitespot.com. Die älteste und bis heute populärste Restaurantkette in Kanada bietet vom legendären Triple O Burger über das Club Sandwich, Pizza, Pasta und Salate bis zu leckeren Nachtischen für jeden Geschmack etwas. Der „Pirate Pack“ zum Malen und Basteln – für alle Kinder kostenlos und obligatorisch – hält die Kleinen beschäftigt und die Eltern glücklich.

Tel. 6046817275. Nicht nur wegen seiner sehr attraktiven Lage oberhalb des Third Beach und der einladenden Terrasse, sondern auch aufgrund der köstlichen Fischgerichte ist das Fish House bei Einheimischen wie Touristen gleichermaßen beliebt. Zudem gilt es als eine der besten Adressen Vancouvers für einen sonntäglichen Brunch.

36 [G4] **Glowbal** $$-$$$, 1079 Mainland St., www.glowbalgrill.com, Tel. 6046020835. In-Restaurant im In-Viertel Yaletown mit Betonung auf Fusionsküche, wobei in letzter Zeit das Hauptaugenmerk auf mediterrane Küche gelegt wird.

37 [F1] **Lift** $$-$$$, 333 Menchions Mews, www.liftbarandgrill.com, Tel. 6046895438. Inneneinrichtung, Lage, Gäste: Alles an diesem architektonisch sehr gelungenen Restaurant am Coal Harbour mit schönem Ausblick auf Jachthafen, Stanley Park und North Shore ist durchgestylt cool. Die Speisekarte kombiniert lokale Küche mit internationalen, vornehmlich asiatischen Einflüssen.

38 [D2] **Raincity Grill** $$-$$$, 1193 Denman St., Tel. 6046857337, www.raincitygrill.com. Neben der tollen Lage an der English Bay ist dieses alteingesessene Spitzenrestaurant eine der besten Adressen Vancouvers für lokale Küche („buy locally, eat seasonally“) in Verbindung mit asiatischen Einflüssen. Der ausgezeichnete Service und die vorzügliche Weinliste runden das Gesamtbild

EXTRATIPP

Für den Hunger zwischendurch

Für den schnellen Hunger zwischendurch bieten sich die in jeder Mall/in jedem Shopping Centre untergebrachten Food Courts an. Raffinierte Küche wird man hier zwar vergeblich suchen, doch dafür reicht das Angebot vom Burger bis zu Sushi und das zu äußerst günstigen Preisen. Zudem bieten die Klimaanlagen in der Hitze des Sommers eine willkommene Abkühlung und in den nasskalten Wintermonaten weiß man das warme Dach über dem Kopf zu schätzen. Während man sich so eine kleine Pause vom Shoppingstress gönnt, kann man ja in aller Ruhe überlegen, ob sich die Daheimgebliebenen denn tatsächlich über das Bierglas mit der eingravierten kanadischen Flagge freuen würden ...

Dine Out Vancouver

Jedes Jahr für zwei Wochen Mitte Januar bietet sich die beste Gelegenheit, Vancouvers breites Angebot an ausgezeichneten Restaurants zu günstigen Preisen zu erkunden. Für vergleichsweise sehr günstige C$ 15, 20 oder 25 bieten dann eine Reihe der angesehensten Lokale unter dem Motto „Dine Out Vancouver" Zwei- oder Drei-Gänge-Menüs. Ein derart lukratives Angebot lassen sich die Vancouverites nicht entgehen, weshalb zu jener Zeit Voranmeldungen unbedingt anzuraten sind.

Für den späten Hunger

50 [J3] **Brickhouse Bistro,** 730 Main St., East Side, Tel. 6046898645. Eine große Auswahl an Vorspeisen und Hauptgerichten zu kleinen Preisen in angenehmer Atmosphäre.

51 [bi] **Elwood's,** 3145 West Broadway, Tel. 6047364301. Auch wenn man sich hier wie in einer umgewandelten Garage fühlt, sind die Chicken Wings, Burger und Nachos ideal, um den Kater zu bekämpfen. Richtig gut sind die Tapas.

52 [I6] **Martini's,** 151 West Broadway, Tel. 6048730021. Gemütliches Eckrestaurant mit leckeren Pizzen, Nudelgerichten und Sandwiches. Ein weiteres Plus sind die günstigen Drinks.

53 [C4] **Truffles Bistro,** 1943 Cornwall, Tel. 6047330162. Idealer Ort, um bei relaxter Hintergrundmusik mit mediterraner Küche und köstlichen Nachspeisen den Abend ausklingen zu lassen.

ab. Im angeschlossenen Take-away gibt es köstliche Snacks – ideal zum Verzehr am einen Steinwurf entfernten English Bay Beach.

39 [ch] **Sequoia Grill Restaurant,** Ferguson Point, Stanley Park, Tel. 6046693281. In einem schönen Tudorgebäude mit Terrasse werden Fusionsküche sowie Fisch- und Fleischgerichte serviert.

► *Toller Blick vom The Galley Restaurant am Jericho Beach auf die Skyline Vancouvers*

40 [cj] **West** $$$, 2881 Granville St., Tel. 6047388938, www.westrestaurant.com. Egal ob Lamm, Lachs oder vegetarisch – das mehrfach zum „Restaurant of the year" gekürte West gehört mit seinem klassisch-modernen Design, der exquisiten Küche und den 5000 Weinflaschen zur Crème de la Crème der Vancouver Restaurants.

Asiatische und indische Küche

41 [dj] **Ashiana Tandoori Restaurant** $$, 1440 Kingsway, Tel. 6048745060, www.ashianatandoori.com. Seit 25 Jahren eines der besten indischen Restaurants Vancouvers. Feine nordindische,

Dinner mit Aussicht

59 [bg] **The Beach House** $$$, 15025th Street, www.atthebeachhouse.com, Tel. 6049221414. Ob sommers auf der Terrasse oder im Winter im Inneren des sehr geschmackvoll restaurierten ehemaligen Teehauses direkt am Strand – Fisch- oder Nudelgerichte zusammen mit einem der köstlichen Weine sind ein Genuss.

60 [F1] **Cardero's** $-$$, 1583 Coal Harbour Quay, Tel. 6046697666, www.vancouverdine.com/carderos/home.html. Ob man es sich nun auf dem beheizten Patio gemütlich macht oder im hellen Restaurant – umgeben von den im Coal Harbour dümpelnden Jachten und mit Blick auf den Stanley Park und die einfliegenden Wasserflugzeuge schmecken die erstaunlich preiswerten Westküstengerichte umso besser. Sehr gemütlich sitzt es sich auch im mit tiefen Ledersesseln und Kamin ausgestatteten Marine Pub.

61 [H2] **Five Sails** $$$, Suite 410 – 999 Canada Place, Tel. 6048442855, www.fivesails.ca. Exquisite Westküstenküche mit europäischem Einfluss im exquisiten Pan Pacific Hotel, exquisite Ausblicke auf den Inner Harbour, den Stanley Park und die Coastal Mountains, das alles zu exquisiten Preisen.

62 [bi] **The Galley** $, Jericho Sailing Centre, 1300 Discovery Street, Tel. 6042221331, www.thegalley.ca. Das Essen auf der ersten Etage des Jericho Sailing Clubs ist durchschnittlich, doch der Blick von der Terrasse über Segelschiffe, Strand, Ozean und Innenstadt ist ein echter Hochgenuss.

63 [cj] **Shaughnessy Restaurant** $$$, Oak Street und 37th Ave., Tel. 2610011, www.vandusengarden.org. Innovative Westküstenküche mit Blick auf das Farbenmeer der gepflegten Gärten des Vandusen Botanical Garden – ein optischer und kulinarischer Genuss.

64 [I2] **Top of Vancouver** $$-$$$, 555 West Hastings Street, Tel. 6046692220, www.topofvancouver.com. Auf 167 Meter Höhe genießt man neben dem kontinentalen Essen eine herrliche Aussicht über Downtown, Ozean und Coastal Mountains bis zum Mount Baker in den USA. Eine Runde im sich drehenden Restaurant dauert 60 Minuten.

018br Abb.: gs

das heißt nicht zu scharfe Küche. Besonders zu empfehlen sind *murgh makhani* (Butterhähnchen) und *roghan josh* (Lammfleisch und Joghurt).

42 [F2] **Hon's Wun-Tun House** $-$$, 1339 Robson St. (und weitere Filialen), Tel. 6046850871, www.hons.ca. Laut, hektisch, ganz und gar authentisch – Hon Wun-Tun House ist chinesische Küche in Reinkultur. Keine Schicki-Micki-Atmosphäre, dafür Hunderte von klassischen Chinagerichten zu günstigen Preisen.

43 [C5] **Noodle Box** $, 1867 West 4th Avenue, www.thenoodlebox.net, Tel. 6047341310. Das Konzept von preiswerten, authentischen südostasiatischen Gerichten, schnell zubereitet im Wok, hat eine große Anhängerschaft gefunden. Wer es scharf mag, sollte einmal *cambodian jungle curry* versuchen.

EXTRATIPP

Lecker Vegetarisch

54 [D5] **Annapurna** $, 1812 West 4th, www.annapurnavegetarian.com, Tel. 6047365959. Ältestes und bestes indisches vegetarisches Restaurant Vancouvers mit einer breiten Palette zum Teil auch außergewöhnlicher Gerichte wie *baigan bharta* (Auberginenpüree).

55 [cj] **Bo Kong Vegetarian Restaurant** $-$$, 3068 Main Street, Tel. 6048763088. Wer die wenig appetitliche Neonröhrenatmosphäre wegsteckt, wird dafür mit leckeren, vornehmlich chinesischen Gerichten belohnt.

56 [di] **Cafe Deux Soleils** $, 2096 Commercial Drive, Tel. 6042541195, www.cafedeuxsoleils.com. Alteingesessenes Café/Restaurant mit einer umfangreichen Speisekarte internationaler vegetarischer Gerichte zu günstigen Preisen.

57 [J6] **The Foundation** $-$$, 2301 Main St., Tel. 6047080881. Mit seiner umfangreichen Speisekarte, seinem alternativen Publikum und leckeren (fast ausschließlich vegetarischen) Gerichten für wenig Geld ist das Foundation eines der populärsten Lokale entlang der Main Street.

58 [cj] **The Natural Garden** $, 3432 Cambie Street, Tel. 6048750233. Vegetarisches Café/Restaurant, welches auf jegliche Verwendung von Fleisch, Geflügel, Eiern, Milchprodukten und raffiniertem Zucker verzichtet.

CAFÉS

65 [cj] **Bean Around the World,** 2977 Granville St. (und weitere Filialen), Tel. 6047319522, www.cowboycoffee.ca. Rustikales, besonders gern von jüngeren Leuten aufgesuchtes Café.

66 [H4] **Bojangles Café,** 1089–1097 Marinaside Crescent (und weitere Filialen), Tel. 6046837556. Gemütlich in den schweren Sofas am Kamin oder auf der Terrasse mit Blick auf den False Creek – die Gourmetsandwiches oder kleinen Snacks des Bojangles sind ein Genuss.

67 [di] **Café Calabria,** 1745 Commercial Dr., Tel. 6042542437. Trotz seines gewöhnungsbedürftigen Inneren eines der besten der vielen guten Cafés entlang des Commercial Drive.

68 [G3] **Caffee Artigiano,** 763 Hornby St. (und weitere Filialen), Tel. 6046969222. Mehrfach für seine köstlichen Lattes ausgezeichnetes Café im Stadtzentrum, mit leckeren Sandwiches im Angebot.

69 [G3] **Gallery Café** (Vancouver Art Gallery), 750 Hornby St., Tel. 6046882236. Idealer Ort, um mitten in der Innenstadt (ist Teil der Vancouver Art Gallery 2) bei tollen Ausblicken über Robson St. und die Skyline in aller Ruhe einen Kaffee zu genießen oder sich am ausgiebigen Angebot der Cafeteria zu laben.

70 [B5] **49 Parallel Coffee Roasters,** 2152 West 4th Ave., Tel. 6044204900,

www.49thparallelroasters.com. „Black as devil, hot as hell, pure as angel, sweet as love" – die Besitzer dieses Cafés haben bereits diverse Auszeichnungen für ihre exzellenten Lattes, Espressos, Macchiatos etc. erhalten.

VANCOUVER AM ABEND

Klassische Musik, Comedy, Tanz, Livemusik, Folk, Blues, Jazz, Grunge – you name it, Vancouver has it. Wie nicht anders zu erwarten bei einer Millionenstadt mit Zigtausenden vergnügungssüchtiger und spendierfreudiger junger Leute gehört Vancouver nach Toronto und Montreal zu den Städten mit dem abwechslungsreichsten Nachtleben in Kanada.

Epizentrum der abendlichen Unterhaltungsindustrie im Stadtzentrum ist die **Granville Street** – speziell der Abschnitt zwischen Robson und Nelson Street. Weitere Nightspots sind die Robson Street 1, Davie Street und Yaletown 22.

Brian Adams, Michael Bublé, die Band Nickelback, Sarah McLachlan, Diana Krall sind nur einige der weltberühmten Künstler, die Vancouver ihr Zuhause nennen und die ganze Bandbreite der lokalen Musikszene von Pop über Rock bis Jazz personifizieren. Nicht nur für sie, sondern für fast alle Größen der internationalen Musikszene ist Vancouver selbstverständlicher Bestandteil ihres Tourneekalenders. So bietet sich hier fast ganzjährig die Möglichkeit, Künstler ersten Ranges live zu erleben.

▲ *Sehen und gesehen werden im Café Calabria am Commercial Drive*

TICKETS

› **Ticketmaster,** Tel. 604280444, www.ticketmaster.ca. Der größte Anbieter von Eintrittskarten für fast alle unten aufgeführten Aufführungsstätten mit über 80 Verkaufsstellen (u. a. in den Touristenbüros und den einzelnen Veranstaltungsorten selbst).

•71 [H2] **Tickets Tonight,** 200 Burrad St., www.ticketstonight.ca, Tel. 6046842787. Spezialisiert auf Verkauf von bis zu 50 % ermäßigten Tickets für Veranstaltungen am gleichen Tag.

THEATER UND KONZERTHALLEN

Kanada wird man wohl eher mit Holzfällern denn mit Symphonieorchestern, Oper, Theater oder Tanztheater in Verbindung setzen, doch auch in dieser Beziehung hat die Westküstenmetropole Erstaunliches zu bieten. Die zwei besten Orte für klassische Musik sind das Orpheum Theatre im Unterhaltungsmekka der Granville Street und das Vancouver Playhouse.

72 [ai] **Chan Centre for the Peforming Arts,** 6265 Crescent Rd., Tel. 6048222697, www.chancentre.com. Das auf dem Campus der Universität angesiedelte Chan Centre hat wegen seines ausgefallenen Designs und seiner hervorragenden Akustik internationalen Ruf erlangt. Ganzjährig werden Konzerte lokaler, nationaler und internationaler Orchester aufgeführt.

73 [G3] **Commodore Ballroom,** 868 Granville St., www.livenation.com, Tel. 604739. Ein Klassiker unter den Konzerthallen Vancouvers. In dem 1929 eröffneten Art-déco-Gebäude treten Stars der Rock-, Pop-, Blues- und Jazzszene auf.

74 [G3] **Orpheum Theatre,** Granville St., www.city.vancouver.bc.ca/theatres, www.vancouversymphony.ca, Tel. 6048763434. Mit seinen dicken roten Teppichen, vergoldeten Rokokoverzierungen und geschwungenen Treppenaufgängen ist dieses 1927 eröffnete

011vc Abb.: tb

Haus mitten im Entertainmentviertel eine Institution Vancouvers. Neben dem hier ansässigen Vancouver Symphonieorchester gastieren Jazz- und Popmusiker internationalen Ranges.

75 [H3] **Queen Elizabeth Theatre,** Hamilton/West Georgia St., Tel. 6046653050, www.city.vancouver.bc.ca/theatres. Mit 2900 Sitzplätzen Heimat der Vancouver Oper und des Ballets von British Columbia. Zudem Aufführungsstätte für Musicals sowie Rock- und Popkonzerte.

76 **River Rock Casino,** 8811 River Rd., Tel. 6047772946, www.riverrock.com. Stars der amerikanischen Unterhaltungsindustrie wie Lionel Richie, Jay Leno oder The Temptations treten im 950 Personen Platz bietenden Konzertsaal des Casinos im Stadtteil Richmond auf.

77 [H2] **Theatre Under the Stars,** Malkin Bowl, Stanley Park, West End, www.tuts.ca, Tel. 6046870174. In Vancouvers einzigem Freilufttheater genießen im Sommer umgeben von Wald, Sternen und Mond mehrere Tausend Zuschauer Broadway-Musicals.

78 [H3] **Vancouver Playhouse,** Hamilton St. at Dunsmuir St., Tel. 6048733311, www.vancouverplayhouse.com. Das größte Regionaltheater in Westkanada mit sechs eigenen Shows. Zudem gastieren hier die Friends of Chamber Music und die Vancouver Recital Company.

NACHTLEBEN

Discos, Pubs, Bars, Livemusik – Vancouvers Nachtleben ist ebenso vielfältig und lebendig wie seine junge und unternehmungslustige Bevölkerung.

◄ *Das Chan Centre for the Performing Arts auf dem Campus der Universität gehört zu den angesehensten Konzerthallen Vancouvers*

Man sollte sich am besten im immer donnerstags erscheinenden **Georgia Straight** – Vancouvers führender Zeitung der lokalen Entertainmentbranche – über angesagte Lokalitäten erkundigen. Die meisten Discos und Klubs öffnen gegen 21 Uhr, wirklich lebendig wird es jedoch meist erst ab 23 Uhr. Eintrittspreise variieren zwischen C$ 5 und 15, wobei Frauen vor 23 Uhr häufig freien Eintritt haben.

Discos und Klubs

79 [H3] **AuBar,** 674 Seymour St., Tel. 6046482227, www.aubarnightclub.com. „Beautiful people in a beautiful place" – wem das und die Musik (Hip-Hop, R&B, Top 40) gefällt, ist hier richtig.

80 [G3] **Caprice,** 967 Granville St., Tel. 6046812114, www.capricenightclub.com. Das „junge Studenten aus reichen Familien"-Publikum, die vornehmlich aktuelle Hits spielenden DJs und zwei Etagen mit Bars und großem Dancefloor machen das Caprice zu einer der beliebtesten Discos Vancouvers.

› **Commodore Ballroom,** 868 Granville St., Tel. 6047394550, www.livenation.com. Der legendäre Konzertsaal dient fünf Tage die Woche als einer der angesagtesten Danceclubs der Stadt mit umfangreicher Bar (s. S. 30).

82 [G4] **Crush Champagne Lounge,** 1180 Granville St., Tel. 6046840355, www.crushlounge.ca. House und Hip-Hop sind die Favoriten des vornehmlich über 30-jährigen Publikums. Jeden Samstagabend Livekonzerte.

83 [J2] **The Modern,** 7 Alexander St., Tel. 6046470121, www.themodern.ca. Die mit ultramoderner Musik- und Lichtanlage ausgestattete, in einem schön sanierten Altbau im Herzen von Gastown angesiedelte Disco gehört zu den angesagtesten Discos Vancouvers.

84 [I2] **Shine,** 364 Water St., Tel. 6044084321, www.shineclub.ca.

Minimalistisches Design und einige der besten DJs der Stadt. Jeden Abend wechselnde Musikstile – Montag: 50's- und 60's-Hits, Mi.: Reggae, Sa.: Funk.

Livemusik

85 [G3] **Bacchus Piano Lounge,** 845 Hornby St., Tel. 604689777, www.wedgewoodhotel.com. Piano Lounge im eleganten Wedgewood Hotel mit einer großen Auswahl an Weinen und Cocktails. Beliebter Treffpunkt bei Hollywoodstars.

86 [E5] **Backstage Lounge,** 1585 Johnston St., www.thebackstagelounge.com, Tel. 6046871354. Besonders von Studenten der angrenzenden Kunsthochschule frequentierte Lounge auf Granville Island mit toller Terrasse zum False Creek. Entspannte Atmosphäre mit diversen lokalen Bands.

87 [bi] **The Cellar Restaurant & Jazz Club,** 3611 West Broadway, Tel. 6047381959, www.cellarjazz.com. In dem kleinen, intimen Jazzclub mit seinen tiefroten Wänden treten täglich lokale und internationale Jazzmusiker auf.

88 [F2] **Cloud 9 Piano Lounge,** 1400 Robson St., Tel. 6046870511, www.cloud9restaurant.ca. Nicht nur die coolen Drinks und die Livemusik (Jazz, Weltmusik) nach Sonnenuntergang lassen einen hier abheben. Die Lage 40 Stockwerke über der Robson Street und die sich einmal in 90 Minuten um sich drehende Lounge inklusive der grandiosen Aussichten tun ihr Übriges ...

Bars und Pubs

89 [G3] **Lennox Pub,** 800 Granville St., Tel. 6044080811. Bei Einheimischen und Touristen gleichermaßen beliebte Eckkneipe im Herzen des Nachtlebens.

90 [H3] **The Railway Club,** 579 Dunsmuir St., www.therailwayclub.com, Tel. 6046811625. Lebhafter Pub mit allabendlicher Livemusik lokaler Bands und einer erstaunlichen Auswahl lokaler Biere – ab 19 Uhr *covercharge* (Eintritt).

91 [I2] **Steamworks Brewing Co.,** 375 Water St., Tel. 6046892739, www.steamworks.com. Im Klassiker von Gastown hat man die Auswahl zwischen Restaurant, Bar und Lounge. Gemütlich sitzt es sich bei einem Bier in den tiefen Ledersofas im Untergeschoss mit Blick auf das Burrad Inlet. Eine Oyster Bar und ein Poolbillardtisch stehen auch zur Verfügung.

92 [G4] **Yaletown Brewing Company,** 1111 Mainland St., Tel. 6046812739, www.markjamesgroup.com/yaletown.html. Ein sympathisch unprätentiöses Pub/Restaurant im ansonsten hippen Yaletown. Neben der freundlichen Bedienung und den leckeren Snacks (besonders die *thin crust pizzas* sind zu empfehlen) kann man sich an der großen Auswahl an lokalen Bieren erfreuen.

VANCOUVER FÜR KUNST- UND MUSEUMSFREUNDE

Vancouver kann zwar nicht mit Toronto und Montreal beim Titel der besten Museumsstadt Kanadas konkurrieren, verfügt jedoch über eine Reihe hervorragender Ausstellungshäuser. Von der Schifffahrt zur Eisenbahn, vom Bergbau zur Sternbeobachtung,

Museen, die mit einer magentafarbenen Nummer (5) als Hauptsehenswürdigkeit ausgewiesen sind, werden im Kapitel „Vancouver entdecken" ausführlich beschrieben. Dort finden sich auch alle praktischen Informationen wie Adresse, Öffnungszeiten usw.

von den Lagerhäusern am Burrad Inlet zu den glitzernden Hochhäusern in Yaletown und von Gemälden der Group of Seven zu Totempfählen der Nordwestküstenindianer – die Ausstellungen spiegeln die hochinteressante Geschichte, Kunst und Kultur Vancouvers wider.

MUSEEN

93 [Umgebungskarte S. 136] **BC Museum of Mining,** Sea to Sky Hwy., Brittania Beach, www.bcmuseumofmining.org, Tel. 6048962233, 14. März-Okt.: tägl. 9–16.30 Uhr, Nov.–13. März: Mo.–Fr. 9–16.30 Uhr, C$ 18, 50 (Erwachsene), C$ 11,95 (Kinder 6–12 Jahre). Die aufwendig restaurierte, ehemals größte Kupfermine Nordamerikas ist auf jeden Fall ein lohnenswertes Ziel, eignet sich aber auch hervorragend als Zwischenstopp auf dem Weg nach Whistler. Bei Jung und Alt beliebt sind die einstündigen Führungen bei denen man mit originalen Waggons tief in die Stollen einfährt (Pullover mitnehmen!). Hier wie auch bei der Betrachtung der historischen Aufnahmen und der Arbeitswerkzeuge wie Bohrer und Spitzhacke bekommt man einen lebendigen Eindruck von den harten Arbeitsbedingungen der Bergwerksarbeiter.

94 [J3] **Chinese Cultural Centre Museum & Archives,** 555 Columbia St., Tel. 6046588880, www.cccmuseum.com, Di.–So. 11–17 Uhr. Das direkt neben dem Dr.-Sun-Yat-Sen-Garten ansässige Museum bietet einen interessanten Einblick in die Geschichte der bedeutendsten Ethnie Vancouvers. Während das Erdgeschoss Wechselausstellungen zeigt, informiert die ständige Ausstellung im 1. Stock über die ersten chinesischen Siedler in British Columbia in den Achtzigerjahren des 19. Jahrhunderts.

95 [D4] **H.R. MacMillan Space Centre,** 1100 Chesnut St., Tel. 6047387827, www.spacecentre.ca, Di.–So. 10–17 Uhr, C$ 15 (Erwachsene), C$ 10,75 (Kinder). Wer immer schon mal einen 360-Grad-Blick auf den Sternenhimmel über Vancouver werfen, in einem 30-Personen-Raumschiff in den Orbit fliegen, das Space Shuttle an die International Space Station andocken oder eine speziell zur Musik von Led Zeppelin, Coldplay oder Pink Floyd arrangierte Lasershow erleben wollte, ist hier genau richtig.

96 [ch] **Lost Lagoon Nature House,** Stanley Park, Tel. 6042576908, www.stanleyparkecology.ca, kostenloser Eintritt. Kleines, aber feines Ausstellungshaus in dem die Flora und Fauna sowie die Geschichte und die ökologischen Probleme des Stanley Parks anschaulich erklärt werden.

97 [ai] **Museum of Anthropology,** 6393 New West Marine Dr., Tel. 6048223825, www.moa.ubc.ca, Mitte Mai–Mitte Okt.: tägl. 10–17 Uhr, Di. 10–21 Uhr, Mitte Okt.–Mitte Mai: Di. 10–21 Uhr, Mi.–So. 10–17 Uhr, C$ 11 (Erwachsene), C$ 9 (ermäßigt), Kinder bis 6 Jahre kostenlos. Nach einer umfangreichen Renovierung eröffnete dieses gegenüber der Universität ansässige Museum Mitte 2009 wieder seine Tore. Vom Stararchitekten Arthur Erickson im Stile der Langhäuser der Nordwestküstenindianer errichtet, ist allein der Museumsbau schon einen Besuch wert. Das 1976 eingeweihte Haus gilt als ein Klassiker zeitgemäßer Architektur in Nordamerika. Das MOA beherbergt die größte Sammlung von Kunstobjekten der Nordwestküstenindianer weltweit. Kernstück ist die Große Halle, in der aufwendig geschnitzte Totempfähle in die Höhe ragen. In einer effektvoll von natürlichem Oberlicht ausgeleuchteten Rotunde steht die Skulptur „The Raven and the First People" – eines der bekanntesten First-Nations-Kunstwerke überhaupt. Es bezieht sich auf die mystische Entstehungsgeschichte der Haida,

012vc Abb.: tb

einem Indianerstamm auf der Insel Queen Charlotte. Zwischen dem Museum und dem dahinter gelegenen Ozean befindet sich der Outdoor Sculpture Garden, dem man unbedingt einen Besuch abstatten sollte. Die hier anmutig in die Landschaft platzierten Langhäuser und Totempfähle sind Werke einiger der berühmtesten First-Nations-Künstler.

6 [J4] **Science World.** Das von Weitem sichtbare, einem überdimensionalen Golfball ähnelnde Gebäude am False Creek ist ein Paradebeispiel dafür, wie man einfache wissenschaftliche Phänomene wie Lichteffekte, Geschwindigkeit und Schwerkraft auf spielerische Art verständlich machen kann. Unter dem Motto „Wissenschaft zum Anfassen" erfahren jedes Jahr zahlreiche Schulkinder (und Erwachsene) wie Lernen und Spaß haben Hand in Hand gehen können.

2 [G3] **Vancouver Art Gallery.** Auf den vier lichtdurchfluteten Etagen des im Stadtzentrum gelegenen „VAG" befindet sich neben Wechselausstellungen, Video- und Fotoausstellungen die bedeutendste Sammlung der Werke von Emily Carr. Diese von 1871–1945 lebende Künstlerin verewigte die Landschaft der Nordwestküste sowie die Kunst der First Nations in ihren Bildern. Eine weitere feste Größe im Museum sind die Werke der Group of Seven, einer Gruppe von sieben kanadischen Landschaftsmalern aus der ersten Hälfte des 20. Jahrhunderts.

98 [C4] **Vancouver Maritime Museum and St. Roch,** 1905 Ogden St., www.vancouvermaritimemuseum.com, Tel. 6042578300, Mitte Mai–Anfang September: tägl. 10–17 Uhr, September–Mitte Mai: Di.–Sa. 10–17 Uhr, So. 12–17 Uhr, C$ 10, 50 (Erwachsene), C$ 7,90 (Kinder und Jugendliche 6–18 Jahre). Vancouvers weit zurückreichende Geschichte der Seefahrt wird hier äußerst spannend dargestellt. Von den zahlreichen Booten beeindruckt das sogenannte St. Roch, das erste Patrouillenboot mit dem die Royal Canadian

Mounted Police (Mounties) die gesamte Nordwestpassage kontrollierte – eine 28 Monate lange, gefahrenreiche Fahrt. Im Children's Maritime Discovery Centre können die Kleinen unter anderem mit einem Teleskop dem aktuellen Treiben im Hafen von Vancouver aus nächster Nähe beiwohnen oder per Fernbedienung einen Roboter in die Tiefen des Ozeans senden.

99 [D4] **Vancouver Museum,** 1100 Chestnut St., Tel. 6047364431, www.museumofvancouver.ca, Di.–So. 10–17 Uhr, C$ 11 (Erwachsene), C$ 7 (Kinder). Als eines von drei hervorragenden Museen (neben dem Vancouver Maritime Museum und dem H.R. MacMillan Space Centre) im Vanier Park erzählt es anhand von Multimediashows, historischen Aufnahmen und Zeitungsausschnitten ebenso lebendig wie engagiert und zum Teil kritisch die knapp 150-jährige Geschichte der Stadt.

100 [di] **Vancouver Police Museum,** 240 E Cordova St., Tel. 6046653346, www.vancouverpolicemuseum.ca, Mo.–Sa. 9–17 Uhr, C$ 7 (Erwachsene), C$ 5 (ermäßigt), Kinder unter 6 Jahre kostenlos. Anhand zum Teil recht drastischer Ausstellungsstücke (der „autopsy room" mit von Kugeln gezeichneten Körperteilen ist gewöhnungsbedürftig) gewinnt man unter dem Motto „Mystery, History and Intrigue" einen Einblick in die Geschichte der Unterwelt Vancouvers.

KUNSTGALERIEN

101 [cj] **Bau-Xi Gallery,** 3045 Granville St., Tel. 6047337011, www.bau-xi.com. Seit der Eröffnung im Jahr 1965 zählt Bau-Xi zu den angesehensten Ausstellungshäusern zeitgenössischer Kunst in Vancouver. Der Schwerpunkt liegt auf der Präsentation kanadischer Künstler. Da die Lagerräume jedem Besucher frei zugänglich sind, ist die Auswahl weit größer als das, was in den Schauräumen zu sehen ist.

102 **Diane Farris Gallery,** 1590 W 77th Ave., www.dianefarrisgallery.com, Tel. 6047372629. Man betritt die Galerie durch einen mit hölzernen Statuen gesäumten Garten – elegant und stilsicher zugleich. Einen Namen hat sich Diane Farris mit der Förderung junger einheimischer und internationaler zeitgenössischer Künstler gemacht.

103 [H2] **Bill Reid Gallery of Northwest Coast Art,** 630 Hornby St., Tel. 6046823456, www.billreidgallery.ca. Hauptausstellungsstücke sind die Schmuck- und Bronzekreationen sowie die Totempfähle von Bill Reid, einem der anerkanntesten Indianerkünstler Kanadas. Daneben werden jedoch auch Objekte anderer bekannter First-Nations-Künstler ausgestellt.

104 [E5] **Gallery of BC Ceramics,** 1359 Cartwright St., Granville Island, www.galleryofbcceramics.com, Tel. 6046693606. Von cool bis klassisch, dekorativ bis praktisch, von der Teekanne bis zur Blumenvase – diese tolle Galerie auf Granville Island zeigt die erstaunlichen Kreationen von über 60 Töpfern und Designern aus British Columbia.

105 [I2] **Inuit Gallery of Vancouver,** 206 Cambie St., www.inuit.com, Tel. 6046887323. Mit ihren wunderschönen Masken, Holzschnitzereien und Schmuckstücken gilt diese Galerie in Gastown als das angesehenste Ausstellungshaus für Kunst der Inuit in ganz Nordamerika.

◄ *Innen wie außen eine Augenweide: das Museum of Anthropology*

VANCOUVER ZUM TRÄUMEN UND ENTSPANNEN

Ruhe und Entspannung inmitten einer Millionenstadt – da ist Vancouver weltweit absolute Spitzenklasse. Die Seele baumeln lassen im Angesicht des Pazifik oder der schneebedeckten Küstenberge, und das in unmittelbarer Nähe zur geschäftigen Innenstadt – in Vancouver bietet sich hierfür eine Vielzahl von Möglichkeiten. In erster Linie fallen einem dabei natürlich die Strände und Parks ein.

Stanley Park 14 ist der zur Realität gewordene Traum eines jeden Stadtplaners – weltentrückte Natur in unmittelbarer Nähe zur Innenstadt. Allein hier finden sich mit dem Third Beach und dem Beaver Lake zwei herrlich romantische Orte. Der Beaver Lake ist am stimmungsvollsten am frühen Morgen, wenn der Frühnebel über dem See und die Geräusche der Natur eine friedvolle Stimmung ausstrahlen. Der im Gegensatz zum Second Beach und zur English Bay recht einsame Third Beach ist ein idealer Ort, um bei einem Glas Rotwein am späten Nachmittag die Sonne langsam im Meer versinken zu lassen.

Meditative asiatische Gelassenheit vermittelt ein Besuch der zwei schönsten künstlich angelegten Gärten Vancouvers. Während man den in Chinatown gelegenen **Dr. Sun Yat-Sen Classical Chinese Garden** (s. S. 82) am besten frühmorgens vor der Ankunft der Touristenbusse besucht, ist der in der Nähe des Universitätsgeländes gelegene **Nitobe Memorial Garden** (s. S. 37) ganztägig ein Ort der Ruhe.

Ein schöner Ort, um in aller Ruhe das von viktorianischen Villen und hübschen Alleen geprägte Vancouver der Zeit um 1900 auf sich wirken zu lassen, ist der **Barclay Heritage Park** im Herzen des West End 20.

STRÄNDE

18 [D2] **English Bay Beach**
Der am südlichen Ende des West End gelegene Strand vermittelt Lebensfreude pur.

S106 [C4] **Kitsilano Beach**
Hätte Chief Khahtsahlano, Häuptling der hier früher ansässigen Squamish First Nations gewusst, welches Spektakel sich an dem nach ihm benannten Strand jeden Sommer abspielt – er hätte sich wohl verwundert die Augen gerieben. Wenn Vancouver das „Hollywood des Nordens“ ist, dann ist „Kits Beach“ Venice Beach. Sehen und gesehen werden ist das Motto dieses vor allem von jüngeren Leuten frequentierten Strandes. Besonders an Wochenenden erinnert das bunte Treiben an einen überlaufenen Strand in Südeuropa. Fitnessstudiogestählte junge Männer flanieren vornehmlich dort, wo junge Frauen im Bikini ihr neuestes Handy zur Schau stellen, Jogger (wiederum meist den Oberkörper frei) suchen sich ihren Weg durch das bunte Treiben und die Beachvolleyballer (natürlich ohne Shirt) gelten als die besten der Stadt. Einige wagen sich ins Wasser, doch wesentlich angenehmer schwimmt es sich im beheizten Kitsilano Pool, mit 137 m Länge eines der längsten Salzwasserschwimmbäder der Welt.
Anfahrt: Buslinie 22

S107 [bi] **Locarno und Jericho Beach**
Beachvolleyball oder Boccia spielen, windsurfen, segeln, angeln, picknicken oder einfach nur am Strand liegen und die Aussicht auf North Vancouver und die Skyline der Innenstadt genießen – die bei Familien beliebtesten Strände bieten alles, was man sich von einem Stadtstrand wünschen kann.
Anfahrt: Buslinie 4

S108 [bi] **Spanish Banks**
Der Strandabschnitt, der seinen Namen der Tatsache zu verdanken hat, dass an dieser Stelle Ende des 18. Jahrhunderts die ersten Spanier ankamen, ist ideal für all jene, die Ruhe und Abgeschiedenheit suchen. Unter Skimboardern gilt Spanish Banks als der beste Strand Vancouvers.
Anfahrt: Buslinie 4

S109 [ch] **Second und Third Beaches**
Nur einen kurzen Spaziergang von der English Bay entfernt, findet sich mit dem Second Beach so etwas wie „everybodies darling" unter Vancouvers Stränden. Die großen Rasenflächen sind beliebte Barbecue-Treffpunkte, die Kids vergnügen sich auf dem Kinderspielplatz, ganze Familien stehen Schlange für die Burger und Fritten der Imbissstuben, der von Ende Juni bis Anfang September geöffnete Swimmingpool scheint mit dem Ozean zu verschmelzen und vom Strand lassen sich schöne Sonnenuntergänge erleben – *life's good* ... Wesentlich ruhiger geht es dagegen an dem ca. 2 km nordwestlich entlang des Seawall gelegenen Third Beach zu.
Anfahrt: mit dem Stanley Park Shuttle Bus

S110 [ai] **Wreck Beach**
Der versteckt im äußersten Westen von Vancouver gelegene Wreck Beach ist Kanadas erster und längster FKK-Strand. Wer meint, dass sich im prüden Nordamerika eine Handvoll Nudisten an dem sechs Kilometer langen Strand verliert, wird sich angesichts der Autoschlangen an der Kreuzung NW Marine Dr. und University Blvd. eines Besseren belehrt sehen. Von hier begeben sich an sonnigen Wochenenden bis zu 20.000 Vancouverites einer Pilgerfahrt gleich auf einen 20-minütigen Fußmarsch. Der zum Teil recht steile Pfad führt zum von dichtem Küstenwald und dem Meer eingegrenzten Strand. Über die Jahrzehnte hat sich eine interessante Einteilung der verschiedenen Strandabschnitte herausgebildet. Während der nördliche Bereich vornehmlich von schwulen Männern frequentiert wird, gleicht Vendor's Row, der zentrale Abschnitt mit seinen Fressbuden und Verkäufern aller Art, einer Art textilfreiem Sommerfest für die ganze Familie. An den „Summer of 69" fühlt man sich am südlichen Strandabschnitt erinnert. Vancouvers alternatives Hippie-Herz schlägt hier jung und fröhlich, als wäre die Zeit stehen geblieben. Wo kann man schon ganz relaxed und hüllenlos am Strand liegen, während über einem ein Weißkopfadler durch den stahlblauen Himmel schwebt?
Anfahrt: Buslinie 41

PARKS

★**111** [ai] **Nitobe Memorial Garden,** 1895 Lower Mall, Tel. 6048226038, www.nitobe.org. „Ich bin in Japan", soll der damalige Kronprinz von Japan (und jetzige König) beim Besuch des nach dem japanischen Gelehrten Dr. Inazo Nitoba (1862–1933) benannten Gartens gesagt haben. Tatsächlich zählt dieses Juwel der Gartenarchitektur zu den fünf schönsten japanischen Gärten außerhalb Japans. Beim Gang entlang der kunstvoll angelegten Wege, Bäche, Wasserfälle und Seen stellt sich eine meditative Ruhe ein. Jedes Element fügt sich ein in die Philosophie des Yin und Yang, wonach alle Elemente der Natur in natürlicher Harmonie miteinander existieren sollen. Während der Sommermonate bietet sich die Möglichkeit, an einer im Teehaus des Gartens abgehaltenen Zeremonie teilzunehmen (C$ 5).
Anfahrt: Buslinie 41

★**112** [aj] **UBC Botanical Garden,** 6804 SW Marine Dr., Tel. 6048229666, www.ubcbotanicalgarden.org. Mit über 10.000 verschiedenen Bäumen, Büschen und Blumen ist der in der Nähe

der Universität gelegene botanische Garten von Vancouver ein Paradies für Botaniker. Auf einer Fläche von über 44 ha finden sich fünf verschiedene Themengärten. So beheimatet der BC Native Garden über 3500 in der Provinz beheimatete Pflanzen und der David C. Lam Garden Nordamerikas größte Sammlung asiatischer Pflanzen. Eine der Hauptattraktionen ist der von hohen Zedern, Douglasien und Hemlocktannen umgebene Asian Garden mit seinen über 400 verschiedenen Arten von Rhododendren. Sehr beliebt ist das jedes Jahr im Oktober stattfindende Apple Festival, bei dem man 60 verschiedene Apfelsorten kaufen kann.
Anfahrt: Buslinie 41

★113 [cj] **Queen Elizabeth Park,** 33rd Ave. und Cambie St., Tel. 6042578584, http://vancouver.ca/parks. Wegen seiner Nähe zur Innenstadt, den hervorragenden Aussichten auf Downtown und des Bloedel Floral Conservatory gehört der Queen Elizabeth Park zu den beliebtesten Parks der Stadt. Fast immer begegnet man einem aufwendig gekleideten Brautpaar, das die gepflegten Gärten, Blumenbeete und den Panoramablick von dem mit 164 m höchsten Punkt der Stadt als ideale Einrahmung für die Hochzeitsfotos wählt. Das Bloedel Floral Conservatory ist ein tropisches Gewächshaus mit über 400 Pflanzen und 100 frei fliegenden exotischen Vögeln.
Anfahrt: Buslinie 15

★114 [cj] **Vandusen Botanical Garden,** 5251 Oak St., Tel. 6048789274, www.vandusen.org. Der bis ins letzte Detail manikürte Vandusen Botanical Garden hat sich zum beliebtesten botanischen Garten Vancouvers entwickelt und wird regelmäßig unter den 10 schönsten Gärten Nordamerikas aufgeführt. Das ganzjährig milde und niederschlagsreiche Wetter der Nordwestküste erlaubt es den 225.000 Pflanzen aus dem tropischen Südafrika, dem Himalaya oder der kanadischen Arktis, sich hier in ihrer ganzen Schönheit zu entfalten. Eine besondere Farbenpracht bietet im Frühjahr der Rhododendron Walk. Ein Netz von Wegen führt durch die auf einer Gesamtfläche von 22 ha angelegten Themengärten, von denen viele mit kunstvollen Skulpturen versehen sind. Nicht nur bei Kindern beliebt ist der Elizabethan maze, ein von 1000 hohen Zedern gebildetes Labyrinth. Aufschlussreich sind die jeden Tag um 14 Uhr beginnenden botanischen Führungen. Nach Beendigung der Besichtigung dieses botanischen Wunderlandes kann man die ganze Pracht bei einem gepflegten Mahl im Shaughnessy Restaurant (s. S. 27) auf sich wirken lassen.
Anfahrt: Buslinie 17

★115 [cg] **Lighthouse Park,** Marine Dr./ Beacon Lane, Tel. 6049257000, www.findfamilyfun.com/lighthouse.htm. Einen interessanten Gegensatz zu den gepflegten Gärten der Innenstadt und doch nur 30 Fahrminuten von dort entfernt, bietet dieser 72 ha große Park an der Südspitze von West-Vancouver. Seitdem das Gebiet 1881 zum Schutzgebiet erklärt wurde, ist hier jegliche Abholzung verboten. Das Resultat ist ein von bis zu 500 Jahre alten und 60 m hohen Baumriesen geprägtes Waldgebiet mit 10 km Wanderwegen. Am besten ausgewiesen ist der Pfad zum 1914 errichteten Point Atkinson Lighthouse.
Anfahrt: Buslinie 250

AM PULS DER STADT

013vc Abb.: tb

DAS ANTLITZ DER METROPOLE

Wer morgens mit dem Blick auf die schneebedeckten Coastal Mountains aufwacht und abends am Strand der English Bay im Angesicht der untergehenden Sonne auf den Pazifik schaut, weiß, dass er inmitten einer der schönsten und aufregendsten Städte der Erde weilt. Kein Wunder, dass dieses Juwel an der Westküste Nordamerikas viele Jahre hintereinander zur **lebenswertesten Großstadt der Welt** gewählt wurde.

Zu Recht, kann man hier doch alle Annehmlichkeiten einer Weltstadt genießen und ist gleichzeitig immer nur einen Steinwurf von der rauen Natur entfernt. Vancouvers Wahlspruch **„By Sea, Land, and Air We Prosper"** („Zu Wasser, zu Lande und in der Luft schaffen wir Wohlstand") ist mehr als nur ein wohlklingender Slogan. Tatsächlich gehört Vancouver zu den schönsten, sichersten, tolerantesten und wirtschaftlich erfolgreichsten Metropolen der Welt. So gilt diese ebenso junge wie erfolgreiche Schönheit mit ihren Stränden, Parks und riesigen Wildnisgebieten in unmittelbarer Stadtnähe neben San Francisco als die attraktivste Stadt an der Westküste Amerikas.

Mit seinen 2,4 Mio. Einwohnern ist Vancouver nach Toronto und Montreal die **drittgrößte Stadt Kanadas** und die mit Abstand größte im Westen des zweitgrößten Landes der Erde. Sie liegt an der Strait of Georgia, einem Meeresarm, der durch

Vancouver Island vom Pazifischen Ozean abgeschirmt wird. Die **Innenstadt (Downtown)** wird vom Burrad Inlet, einem Meeresarm des Pazifik im Norden, dem Stanley Park und dem Stadtteil West End im Westen, dem False Creek, einem weiteren Meeresarm, im Süden und der sogenannten Downtown Eastside im Osten begrenzt. Eingeschlossen hierin sind die bei Touristen beliebten Stadtviertel Gastown und Chinatown, Yaletown und Coal Harbour.

Die nach dem **Kapitän George Vancouver**, der die Region im Jahr 1792 erforschte, benannte Stadt ist im Vergleich mit europäischen Metropolen ein „junger Spund". Noch nicht einmal 150 Jahre ist es her, dass die Gründungsurkunde unterschrieben wurde. Als ob sie ihre späte Geburt durch ein rasantes Wachstum wettmachen wollte, wuchs sie in kürzester Zeit auf die für damalige Verhältnisse gewaltige Einwohnerzahl von 100.000 an. Heute leben in der Innenstadt ca. 615.000 Menschen.

Innerhalb dieser von Parks, Flussarmen, schneebedeckten Bergen und dem Ozean eingegrenzten Stadt sind neben traditionellen Vierteln wie Gastown, Chinatown und West End in den letzten zwei Jahrzehnten gänzliche neue Viertel wie Coal Harbour und

◄ *Seite 39: Die Skyline der „City of Glass" vom Pan Pacific Hotel aus*

▼ *Blick von Granville Island auf die Innenstadt*

014vc Abb.: tb

Yaletown entstanden, welche weltweit den Ruf als Musterbeispiele für gelungene Stadtplanung genießen. Im Gegensatz zu anderen nordamerikanischen Städten ist **Downtown** nicht gleichbedeutend mit zubetonierter Trostlosigkeit, sondern ein Musterbeispiel urbaner Vitalität. Von morgens bis abends sind die Straßen gefüllt mit Menschen, die hier zur Arbeit gehen, in den Straßencafés ihren Caffè Latte genießen, an der die gesamte Innenstadt umlaufenden Uferstraße joggen, ihre Kinder in den Wasserparks planschen lassen, eines der weitreichendsten Shoppingangebote Nordamerikas auskundschaften oder an einem der zahlreichen Stadtstrände die Aussicht auf die Skyline und den Pazifik genießen.

Angesichts dieser Kulisse kann es nicht verwundern, dass viele **Architekten von Weltruf** wie Norman Foster, Arthur Erickson und Moshe Safdie hier ihre Spuren hinterlassen haben. Das Ergebnis ist ein ebenso intimes wie harmonisches Nebeneinander von natürlichem Lebensraum und von Menschenhand geschaffener Urbanität. Beim Spaziergang durch die Innenstadt begegnen einem auf Schritt und Tritt imposante **architektonische Dokumente,** welche die knapp 150-jährige Geschichte der Stadt auf eindrucksvolle Weise widerspiegeln. Im unmittelbaren Stadtzentrum um den Robson Square sind dies die neoklassizistische, ursprünglich als Gerichtsgebäude gebaute Vancouver Art Gallery 2, das imposante Hotel Vancouver 3 und die Christ Church Cathedral. Alle drei stammen ebenso aus der ersten Hälfte des 20. Jahrhunderts wie das im Art déco erbaute Marine Building 12, der im Beaux-Arts-Stil errichtete Sun Tower und das mit Terrakotta-Ziegeln verkleidete Dominion Building. Typische Beispiele für den Baustil der 1960er- und 1970er-Jahre sind die von Vancouvers Stararchitekten Arthur Erickson entworfenen MacMillan-Bloedel-Gebäude an der nordöstlichen Ecke der Georgia und Thurlow Street, das Museum of Anthropology in der Nähe der Universität sowie der Robson Square und das damit verbundene Gerichtsgebäude. In jene Stilepoche gehört auch der im wahrsten Sinne des Wortes herausragende Lookout 9 nur wenige Schritte vom Canada Place entfernt. Von der Aussichtsplattform auf 130 Metern Höhe auf dem Dach des Bürokomplexes Harbour Centre bietet sich eine der schönsten Panoramaansichten über die Stadt.

Ein in jeder Hinsicht einschneidendes Ereignis in der Geschichte Vancouvers war die äußerst erfolgreiche **Weltausstellung im Jahr 1986.** Der von dem Deutschen Ed Zeidler als Pavillon Kanadas für die Expo entworfene Canada Place 11 ist heute das Wahrzeichen Vancouvers. Das mit seinen in der Form von fünf großen teflonbeschichteten Segeln wie ein riesiges Segelschiff in den Ozean ragende Gebäude wirkt auch noch ein Vierteljahrhundert nach seiner Fertigstellung modern und futuristisch. Zehn Jahre nach der Weltausstellung erfuhr das Stadtbild mit der Eröffnung der unter Architekten umstrittenen, von der Öffentlichkeit jedoch mit großer Zustimmung aufgenommenen neuen Bibliothek 4 ein weiteres Wahrzeichen. Der von Moshe Safdie entworfene 100-Millionen-Dollar-Bau an der Robson Street erinnert mit seiner ovalen Form, den hohen Bögen und Terrakotta-Farben verblüffend an das Kolosseum in Rom. Den

seit Mitte der 1980er-Jahre die Innenstadt prägenden glasverschalten Stahlhochhäusern hat Vancouver den Beinamen **„City of Glass“** zu verdanken. Mit dem Sheraton Wall Centre und dem 2009 eröffneten, über 200 Meter hohen Living Shangri-La ragen zwei Hotelbauten nicht nur höhenmäßig heraus aus der Hochhausarchitektur. Als drittes wird das im Bau befindliche, ebenfalls von Arthur Erickson entworfene Ritz Carlton Hotel in der Skyline von Vancouver eine herausragende Stellung einnehmen.

Nicht zuletzt der architektonischen Vielfalt inmitten der atemberaubenden Landschaft hat es Vancouver zu verdanken, dass sich die Stadt innerhalb der letzten 20 Jahre nach Los Angeles und New York City zum drittwichtigsten **Standort der nordamerikanischen Filmindustrie** entwickelt hat. Rund 10 % aller Hollywood-Filme werden in und um Vancouver gedreht, bei der Produktion von Fernsehserien ist Vancouver der wichtigste Standort hinter Los Angeles. Die Vancouver Film Studios gehören zu den bedeutendsten Film- und Fernsehstudios weltweit, weitere Unternehmen der Film- und Fernsehbranche haben ihren Sitz in verschiedenen Vororten. Mit einem Umsatz von über C$ 1 Milliarde pro Jahr und über 30.000 Beschäftigten ist die Filmindustrie ein bedeutender Arbeitgeber. Auf den Straßen der Innenstadt internationalen Filmstars zu begegnen ist

▲ *Der Hafen von Vancouver ist der zweitgrößte an der Westküste Nordamerikas*

VANCOUVERISM – VANCOUVERS STADTPLANUNG ALS WELTWEITES VORBILD

Ein Spaziergang entlang der Uferpromenade von Yaletown oder Cole Harbour ist eine Art Lehrpfad für das, was Vancouver zu einer der lebenswertesten Städte der Erde macht. Vancouvers natürliche Schönheit in Form des Ozeans und der schneebedeckten Berge erfreut hier ebenso das Auge wie die im Wasser dümpelnden Jachten und die modernen, glasverschalten Hochhäuser. Daneben ist es jedoch das Neben- und Miteinander von Jungen und Alten, Skatern und Müttern mit Kinderwagen, Sonnenanbetern auf den großzügig angelegten Rasenflächen und Geschäftsleuten in Anzügen auf dem Weg ins Büro, die der Innenstadt von Vancouver eine fast schon europäisch anmutende Urbanität verleihen, die man im Rest Nordamerikas nur sehr selten findet.

Während sich fast alle amerikanischen Innenstädte seit Jahrzehnten entvölkern, leben in Vancouvers Stadtmitte immer mehr Familien, Singles, Rentner, sozial Schwache, aber auch Yuppies und wohlhabende Geschäftsleute Tür an Tür. Einst standen am Meeresarm False Creek, an den Vancouvers Innenstadt grenzt, Lagerhallen, Bahngleise und Schuppen. Seit einigen Jahren wird dort und in Coal Harbour, auf der anderen Seite der Halbinsel, auf der die City steht, aus dem Nichts ein bewohnbarer Stadtkern gebaut. Im Zentrum Vancouvers leben heute etwas mehr als 60.000 Menschen, während es beispielsweise im Kern Chicagos, einer viel größeren Metropole, nur 24.000 Bewohner sind. Allein in den vergangenen zehn Jahren hat man in der City zusätzlichen Wohnraum für 20.000 Menschen geschaffen. Im Jahr 2020 sollen 100.000 Menschen im Stadtkern leben können.

Anstelle des „suburban sprawl“ in den USA, des Wildwuchses von uniformen Vorstädten mit den ewig gleichen Einfamilienhäusern und Supermärkten, ist in Vancouver eine Vielfalt von Wohnbauten entstanden. Sie haben eines gemeinsam: eine verdichtete Bauweise, die auf begrenzter Fläche für viele Menschen Raum schafft.

Die Innenstadt ist weder eine Bürowüste noch ein Getto für verarmte Minderheiten. Der Stadtregierung von Vancouver ist es in den vergangenen zehn Jahren gelungen, in der City viel Wohnraum für Menschen aus allen Bevölkerungsschichten und Generationen zu schaffen. Wo in anderen Städten auf dem teuersten Boden Büros wie Pilze aus dem Boden schossen, machten die Vancouver Behörden Platz für Reihenhäuser und Wohntürme, Parkanlagen und kleine Firmen, Innenhöfe, Kinderkrippen und Freizeitzentren, Radwege und Baumalleen.

Besonders beeindruckend ist die Tatsache, dass wieder Familien in die Stadtmitte ziehen. 20 % des Wohnraums sind für Mieter mit kleinen Einkommen gebaut, 25 % für Familien reserviert. Familien suchen neben günstigen Wohnungen auch Sicherheit

► *„Vancouverism“ am Beispiel von Coal Harbour*

und Einrichtungen wie Kinderspielplätze, Sportanlagen und Freizeiträume. All das findet sich rund um den False Creek.

Das Erstaunliche ist, dass diese öffentlichen Einrichtungen nicht etwa dem Steuerzahler aufgebürdet werden. Es sind private Bau- und Immobilienunternehmen, die Straßen, Rad- und Spazierwege, Kanalisation, Bibliotheken, Kinderkrippen, Parks und Freizeitzentren bezahlen. So lässt sich Vancouver die Stadtentwicklung von privaten Firmen finanzieren, obwohl die Behörden die Planung in der Hand haben.

Der Grund: Für die Investoren zahlt sich das Projekt auch so noch fürstlich aus. Die Wohnungen sind oft schon in wenigen Wochen ausverkauft, lange bevor die Gebäude stehen. Vancouver profitierte in den 1990er-Jahren von einem riesigen Zufluss an Kapital, vor allem von Immigranten aus Asien und Europa. Doch die mächtigen Investoren können nicht einfach drauflosbauen wie in den USA. Die Stadt plant und erlässt Auflagen, wenn auch vorher mit den Geldgebern ausgiebig verhandelt wird. Vancouvers Erfolg zeigt sich am eindrucksvollsten in den dicht besiedelten, aber gleichzeitig humanen, sicheren Stadtvierteln wie Yaletown und Coal Harbour. Grundlage ist eine von Weitsicht und Gemeinwohl getragene Stadtplanung gegenüber den von kurzfristigem Profit getriebenen Interessen von Investoren.

Bei Städteplanern gilt dieses unter dem Namen Vancouverism zu weltweiter Anerkennung gelangte Modell als richtungsweisend für die Wiederbelebung der Innenstädte. So arbeiten heute wegweisende Architekten des Vancouver-Modells bei der Wiederbelebung der Innenstädte von San Diego und Abu Dhabi mit.

016vc Abb.: tb

ebenso keine Seltenheit wie das Bild von Filmcrews mit ihren charakteristischen langen, weißen Wohnwagen und wichtig dreinschauenden Menschen mit Kopfhörern, die sich um markante Gebäude wie das Hotel Vancouver gruppiert haben. Weitere Gründe für den Erfolg der Filmindustrie sind die sehr gut ausgebildeten Angestellten, der günstige Wechselkurs des kanadischen Dollar, die gleiche Zeitzone wie Los Angeles und die von der Regierung eingeräumten Steuererleichterungen.

Dabei ist die Filmindustrie nur ein Beispiel für die **florierende Wirtschaft** der Westküstenmetropole. Mit der Lage am Pazifik profitiert Vancouver von dem enormen Wachstum der asiatischen Wirtschaft in den letzten 10 Jahren. So macht der Handel den Hauptanteil der Wirtschaft aus. Der **Hafen Vancouver** ist der größte Kanadas und der zweitgrößte an der Westküste Nordamerikas. Bei den Exporten ist er sogar der größte ganz Nordamerikas. Pro Jahr werden mit mehr als 130 Ländern Waren im Wert von C$ 75 Milliarden abgewickelt, weit über die Hälfte davon mit Asien.

Ein weiteres Standbein der Wirtschaft Vancouvers ist die **Forstwirtschaft.** Globale Konzerne wie Canfor oder West Fraser Timber (zweitgrößter bzw. drittgrößter Holzproduzent der Welt) haben hier ihren Hauptsitz. Darüber hinaus ist Vancouver Hauptsitz zahlreicher Bergbauunternehmen und verfügt über zahlreiche Filialen nationaler und internationaler Banken und Dienstleistungsunternehmen.

Wegen der verschiedenen Universitäten und der hohen Lebensqualität haben sich mehrere **Hochtechnologie- und Software-Unternehmen** niedergelassen. So ist der Großraum Vancouver Sitz vieler großer Computerspielefirmen, zudem entwickelt sich die Stadt zum Zentrum der Forschung an Brennstoffzellen.

Insbesondere seit der Weltausstellung Expo 86 hat die **Bedeutung des Tourismus** stark zugenommen. Neben den Sehenswürdigkeiten, Parks und Stränden sind es die vielfältige Natur in der Umgebung und die damit verbundenen Freizeitaktivitäten, die viele Touristen anlocken. Das 120 Kilometer nördlich gelegene **Whistler** (32) zieht jedes Jahr mit seinen ausgezeichneten Loipen Zigtausende von Touristen an und wurde mehrfach hintereinander zum besten Skigebiet Nordamerikas gewählt. Ein weiteres bedeutendes Standbein der Tourismusindustrie sind die im Sommer von hier Richtung Alaska verkehrenden Kreuzfahrtschiffe. Zudem hoffen die Tourismusmanager, dass der weltweite Werbeeffekt durch die **Olympischen Winterspiele 2010** der Stadt weitere zweistellige Zunahmen im Besucheraufkommen bescheren wird. Die sichtbarsten Zeugen dieses Optimismus sind die vielen in den letzten Jahren entstandenen oder derzeit im Bau befindlichen Luxushotels.

Doch auch im scheinbar immer auf der Sonnenseite des Lebens stehenden Vancouver gibt es jene Menschen, die an diesem Boom nicht nur nicht teilhaben, sondern gerade als Resultat dessen an den Rand gedrängt wurden. Dazu kommt eine steigende Zahl von Drogenabhängigen, Prostitution sowie Kriminalität. Statistisch gesehen gehört Vancouver zwar immer noch zu einer der sichersten Großstädte Nordamerikas, doch die Zahl der vornehmlich im Drogenmilieu zu verzeichnenden Morde hat in den letzten zwei Jahren deutlich zugenommen.

VON DEN ANFÄNGEN BIS ZUR GEGENWART

Wälder, Flüsse, Berge, Bären, Hirsche und Lachse, First Nations, Spanier, Engländer, Deutsche und Chinesen – der Reichtum und die Schönheit der sie umgebenden Natur und der Entdeckergeist und Fleiß der in ihm lebenden Menschen haben Vancouver zu dem gemacht, was es heute ist: eine der lebenswertesten Städte der Erde.

First Nations ist der offizielle Name der früher unter dem Begriff Indianer bekannten Ureinwohner Kanadas. Die Bewohner der Nordwestküste Amerikas galten unter den Ureinwohnern Nordamerikas als besonders hoch entwickelt. Hauptgrund für ihren hohen Zivilisationsgrad waren die für diese Region charakteristischen hervorragenden natürlichen Lebensbedingungen. Abgesehen von den im Vergleich zum Rest des Landes milden Wintern bot ihnen die sie umgebende Natur einen großen Reichtum an Nahrungsmitteln. Dies gilt insbesondere für das Mündungsdelta des Fraser River, also genau jenes Gebiet, in dem heute die Stadt Vancouver angesiedelt ist. Der Pazifik bot einen scheinbar unbegrenzten Reichtum an Fischen, die unmittelbar angrenzenden Wälder lieferten neben den dort lebenden Wildtieren und vorkommenden Beeren alle nötigen Materialien zum Bau von Häusern, Booten und Gebrauchsgegenständen. Schließlich schwammen entlang der Mündung des Fraser River jedes Jahr Millionen von fetten Lachsen, die die First Nations räucherten. Der Nahrungsmittelüberschuss erlaubte es ihnen, sich in ihrer Freizeit kulturellen Aktivitäten zu widmen, zu denen unter anderem das Schnitzen von Masken und Totempfählen sowie das Weben von Decken gehörte. Die Nordwestküstenindianer am Unterlauf des Fraser River, zu denen unter anderem die Musquem, Squamish, Tsawwassen und Küsten-Salish gehörten, lebten in Langhäusern. Während sich die Squamish im Bereich North und West Vancouver, Kitsilano, Jericho und Stanley Park ansiedelten, fanden sich die Wohnorte der Musquem am Burrad Inlet und an den Stränden der English Bay. Ein wichtiger Bestandteil ihres kulturellen und spirituellen Lebens waren die sogenannten Potlatch-Zeremonien. Bei diesen oftmals mehrere Wochen dauernden Festen, denen häufig auch benachbarte Stämme beiwohnten, wurden Tänze aufgeführt, Festessen abgehalten, Geschichten erzählt und kunstvolle Geschenke ausgetauscht, welche von den Künstlern in monatelanger Arbeit gefertigt worden waren. Dieses von friedlichem Nebeneinander und kulturellem Reichtum geprägte Leben der First Nations wurde durch die Ankunft der ersten europäischen Seefahrer Ende des 18. Jahrhunderts jäh beendet.

Spanien, die zur damaligen Zeit führende Seemacht, reklamierte das Land am Unterlauf des Fraser River als Erste für sich. **José Maria Narváez** war es, der 1791 die Strait of Georgia entlangsegelte. Ihm folgten im gleichen Jahr mit Valdez und Galiano zwei weitere Landsleute, ehe 1792 mit **Kapitän George Vancouver** ein Vertreter der englischen Krone das später nach ihm benannte Gebiet erkundete. Der erste Europäer, der die Gegend auf dem Landweg erreichte, war Simon Fraser, ein Pelzhändler der North West Company, der 1808 mit seinen Begleitern den nach ihm benannten Fraser River auf seiner ganzen Länge erkundete. Permanente Siedlungen hinterließ niemand dieser ersten westlichen Eroberer.

Das blieb mit der **Hudson's Bay Company** jener Handelsgesellschaft vorbehalten, die bereits seit dem 17. Jahrhundert den gesamten Osten und das Zentrum des Landes mit Handelsposten zum Umschlag ihrer Waren überzogen hatte. Der 1827 im heutigen Stadtteil Langley eröffnete Handelsposten war die erste permanente Ansiedlung westlicher Siedler in dieser Region Nordwestamerikas.

Die uralte menschliche Gier nach **Gold** war es schließlich, die das Gebiet des heutigen Vancouver Mitte des 19. Jahrhunderts zum ersten Mal ins Blickfeld zahlreicher Glücksuchender rückte. Als Folge des Fraser-Canyon-Goldrauschs (1858–1860) und insbesondere des Cariboo-Goldrauschs (1861–1862) zogen rund 25.000 Männer, die meisten davon aus Kalifornien, in das Einzugsgebiet des Fraser River. Aus Angst vor einem direkten Eingreifen der US-Regierung erklärte die Provinz British Columbia ihren Anschluss an das British Empire.

017vc Abb.: tb

Neben dem Gold war es die bis heute bedeutende **Holzindustrie**, die Geschäftsleute und Arbeiter in das fast noch gänzlich unbesiedelte Waldgebiet zog. 1863 nahm in Moodyville, dem heutigen North Vancouver, das erste Sägewerk seinen Betrieb auf und begründete die traditionsreiche Forstwirtschaft. Die Schifffahrt war Hauptkunde der sich in den folgenden Jahren am Unterlauf des Fraser River ansiedelnden Sägewerke. Viele der Masten der zahlreichen Windjammer und der stetig größer werdenden Schiffe der Royal Navy stammten aus den Sägewerken um Vancouver. Unter den zahlreichen Aufträgen befand sich auch einer des chinesischen Kaisers, der Dutzende von riesigen Balken für das Tor des himmlischen Friedens in der Verbotenen Stadt in Peking bestellte.

John Deighton, ein geschäftstüchtiger Schotte, der zunächst nach Kalifornien ausgewandert und dann mit dem Goldrausch nach Vancouver gekommen war, erkannte als erster die gewinnträchtige Lage einer Kneipe in unmittelbarer Nähe der von schweißtreibender Arbeit geprägten Sägewerke. Der von ihm im Jahr 1867 eröffnete Globe Saloon entwickelte sich schnell zum sozialen Mittelpunkt des später nach ihm benannten ältesten Viertels von Vancouver, **Gastown** 8.

Sein Spitzname **Gassy Jack**, was so viel wie geschwätziger Jack bedeutet, beruht auf seiner Redseligkeit und seiner Eigenschaft, nach dem Genuss einiger Biere den ganzen Saloon mit einer Reihe meist erfundener Geschichten zu unterhalten. Gastown gilt heute als die Keimzelle von Vancouver und Gassy Jack als ihr ideeller Gründungsvater.

Bereits zwei Monate nach der offiziellen Stadtgründung am 6. April 1886 wurde die nun unter dem Namen Vancouver bekannte Stadt durch ein Feuer fast vollständig zerstört.

Das für die weitere Geschichte der Stadt bis heute bedeutendste Datum ist der 23. Mai 1887. An diesem Tag rollte der **erste transkontinentale Zug** in der Waterfront Station am Ufer des Burrard Inlet ein. Der seither bis auf einige wenige Unterbrechungen anhaltende wirtschaftliche Boom der Stadt wäre ohne die Anbindung Vancouvers an die transkontinentale Eisenbahn undenkbar gewesen.

Einen großen Anteil am im wahrsten Sinne des Wortes bahnbrechenden Bau der transkontinentalen Eisenbahn hatten etwa 15.000 **chinesische Gastarbeiter.** Obwohl sie nur die Hälfte des üblichen Lohnes erhielten, mussten sie die gefährlichsten Arbeiten wie die Handhabung von Dynamit durchführen. Viele Hundert von ihnen verloren dabei ihr Leben. Nachdem die Bauarbeiten beendet waren, machte das böse Wort von einer chinesischen Überfremdung die Runde. Nachdem man die nun als Bedrohung angesehenen Chinesen zur Rückkehr in ihr von schweren Hungersnöten geprägtes Heimatland aufforderte, ging man schließlich so weit, eine Kopfsteuer zur Abwehr neuer chinesischer Einwanderer einzuführen. Die zunächst angesetzten C$ 50 wurden im Jahr 1903 auf C$ 500 erhöht. Das kam praktisch einer Einwanderungssperre für Chinesen gleich, entsprach dieser Betrag doch dem Jahresverdienst eines einfachen Arbeiters.

Welch einschneidenden Einfluss der Anschluss an die moderne Technik bedeutete, verdeutlicht allein ein Blick auf die **Einwohnerstatistik**: Innerhalb von nur 20 Jahren wuchs die Bevölkerung Vancouvers von 5000 Einwohnern im Jahr 1887 auf 100.000 im Jahr 1907. Weitere zwanzig Jahre später war der „Shooting Star" an der Westküste mit 230.000 Einwohnern zur drittgrößten Stadt des Landes nach Montreal und Toronto aufgestiegen. Trotz einiger Industrieansiedlungen war es vornehmlich die Ausbeutung der natürlichen Ressourcen (Fischfang, Holzwirtschaft), die das Rückgrat der städtischen Entwicklung bildete. Immer größere Bedeutung erlangte der **Handel.** Der Hafen entwickelte sich zu einem der größten des Landes, wobei die Eröffnung des Panamakanals im Jahr 1914 und die somit entstandene direktere Exportroute in Richtung Europa, eine entscheidende Rolle spielte. Mit dem Dominion Building und dem Sun Tower gehören zwei herausragende Bauten aus diesen von wirtschaftlichem Erfolg geprägten Jahrzehnten Anfang des 20. Jahrhunderts zu den markantesten Bauten Vancouvers. Auch wenn der ökonomische

◄ *Statue von „Gassy Jack", dem Gründungsvater von Gastown, der Keimzelle des späteren Vancouver*

Boom durch die Weltwirtschaftskrise für mehrere Jahre zum Stillstand kam, zeugen die im Abstand von nur drei Jahren Ende der 1930er-Jahre fertiggestellten Bauten der Lions Gate Bridge, der Stadthalle und des neuerrichteten Vancouver Hotels davon, dass sich Vancouver als **führende Wirtschaftsmacht im Westen Kanadas** dauerhaft etabliert hatte.

Der Ausbruch des Zweiten Weltkriegs verhalf der Region zu einem raschen Wirtschaftsaufschwung. Die Werften produzierten Korvetten und Minensuchboote für die Royal Canadian Navy und das Boeing-Werk im benachbarten Richmond produzierte Teile für B-29-Bomber.

Auch die Jahrzehnte nach dem Zweiten Weltkrieg waren von wirtschaftlichem Wachstum und dem damit einhergehenden Ausbau der Infrastruktur geprägt. Mit der Gründung des British Columbia Institute of Technology und der Simon Fraser University in den 1960er-Jahren verdeutlichte die Stadt ihren Willen, Vancouver zu einem **Zentrum von Wissenschaft und Forschung** zu machen. Der anhaltende wirtschaftliche Aufschwung führte auch zu einem Bauboom im privaten Wohnungsbau. Traditionelle, von historischen Holzhäusern im viktorianischen Stil geprägte Stadtviertel wie das West End wurden mit modernen Betonhochhäusern überzogen. Hiermit einhergehend bildete sich eine Protestbewegung von Umweltschützern, die 1971 zur **Gründung von Greenpeace** führte. Die Angst vor der weiteren Zerstörung historischer Stadtviertel führte zur Bildung mehrerer Bürgerinitiativen, die letztendlich den Abriss von großen Teilen Chinatowns und Gastowns zugunsten von modernen Geschäftsvierteln verhindern konnten. Schließlich wurde in den 1970er-Jahren die im False Creek gelegene Halbinsel Granville Island 7 von einer Industriezone zu einem beliebten Einkaufs- und Kulturviertel umfunktioniert.

Fast genau hundert Jahre nach dem Anschluss an die transkontinentale Eisenbahn erlebte Vancouver mit der Ausrichtung der **Weltausstellung 1986** das zweite einschneidende Ereignis seiner Geschichte. Bis heute das Stadtbild prägende Bauten wie das BC Place Stadium 5, Science World 6 und der Canada Place 11 wurden ebenso für die Expo errichtet wie der SkyTrain, eine die Innenstadt mit dem Zentrum verbindende Hochbahn. Mit über 22 Millionen Besuchern war die sechsmonatige Ausstellung ein großer Erfolg. War Vancouver bis dahin eine in erster Linie von europäischen Einwanderern geprägte Stadt, die kaum über die Grenzen des Landes bekannt war, rückte die Westküstenmetropole ins internationale Blickfeld. Das Ausstellungsgelände am Nordufer des False Creek war zuvor eine ausgedehnte Industriebrache gewesen und wurde nach Ausstellungsende an den aus Hongkong stammenden Unternehmer Li Ka-shing verkauft. Dieser setzte eines der größten Stadtentwicklungsprojekte Nordamerikas um und False Creek wandelte sich innerhalb weniger Jahre zu einem hochverdichteten und attraktiv gelegenen Wohngebiet am Rande der Innenstadt. Zigtausende **Hongkong-Chinesen**, die nach der Übernahme Hongkongs durch China im Jahr 1996 um ihre persönliche und finanzielle Sicherheit fürchteten, wanderten nach Vancouver aus. Sie bereicherten die ethnische und kulturelle Identität der Stadt und investierten Milliarden kanadischer Dollar in die lokale Wirtschaft.

Die Zuerkennung der **Olympischen Winterspiele 2010** ist das vorerst letzte Kapitel in der an Erfolgsgeschichten reichen Geschichte Vancouvers.

HISTORISCHES AUF EINEN BLICK

1774–1779 Die Spanier sind die ersten Europäer, die auf der Suche nach der Nordwestpassage in den Großraum Vancouver vordringen. Auch wenn ihre insgesamt drei Expeditionen nicht zu permanenten Ansiedlungen führen, zeugen noch heute Straßennamen wie Cardero, Cordova und Valdez von ihrer Präsenz.

1791 Der spanische Entdecker José Maria Narváez segelt als erster Europäer entlang der das Festland und Vancouver Island voneinander trennenden Strait of Georgia und ankert im Burrad Inlet.

1792 Die Engländer treten in der Person von Kapitän Vancouver auf den Plan. Er verweilt jedoch nur einen Tag in der später nach ihm benannten Stadt.

1808 Simon Fraser, ein Angestellter der North West Company und Gründer der Stadt Prince George, erreicht nach einer entbehrungsreichen Kanufahrt das Mündungsdelta des später nach ihm benannten Flusses.

1827 Die Hudson's Bay Company eröffnet mit Fort Langley den ersten Handelsposten im heutigen Stadtgebiet von Vancouver. Gleichzeitig ist dies die erste permanente Ansiedlung westlicher Siedler überhaupt in dieser Region Nordwestamerikas.

1858 Die Meldung von Goldfunden an der Mündung des Fraser River löst den ersten sogenannten Goldrausch aus. Über 25.000 Abenteurer aus Amerika strömen in die Region, worauf die Provinz British Columbia ihren Anschluss an das British Empire erklärt.

1867 Der schottische Abenteurer „Gassy Jack" Deighton eröffnet im Zentrum des heute nach ihm benannten Viertels (Gastown) eine Kneipe, die sich schnell zum Treffpunkt der Arbeiter des ganz in der Nähe gelegenen Sägewerkes entwickeln sollte – die Keimzelle der späteren Stadt Vancouver war geboren.

1886 Am 6. April wird die Stadt unter ihrem heutigen Namen Vancouver offiziell zur Stadt erklärt.

1886 Am 13. Juni vernichtet ein verheerendes Feuer innerhalb von 45 Minuten fast alle 1000 Holzhäuser der Stadt. Innerhalb weniger Tage beginnt jedoch der Neuaufbau. Der Stanley Park wird zum Stadtpark erklärt und damit unter Naturschutz gestellt.

1887 Die erste transkontinentale Eisenbahn fährt im Bahnhofsgebäude am Burrad Inlet ein.

1889 Mit der Granville Bridge wird die erste den False Creek überspannende Brücke fertiggestellt. Die heutige Brücke stammt aus dem Jahr 1954.

1891 Die erste Straßenbahn von Vancouver rattert entlang der Granville Street.

1900 Vancouvers Einwohnerzahl übersteigt die von der Provinzhauptstadt Victoria.

1909 Mit dem Dominion Trust Building wird das erste Hochhaus der Stadt eingeweiht. Für einige Jahre war es das höchste Gebäude des britischen Empire.

1915 Die Universität von British Columbia öffnet ihre Tore.

1929 Mit der Eingemeindung der Stadtteile Point Grey und South Vancouver überflügelt Vancouver mit 228.000 Einwohnern Winnipeg, die bis dahin größte Stadt im Westen Kanadas.

1936 Die neue Stadthalle an der Cambie Street öffnet ihre Pforten.

1938 Mit der Lions Gate Bridge wird eines der markantesten Bauwerke Vancouvers eingeweiht.

1939 Nach jahrelangen durch die Rezession verursachten Verzögerungen wird das Hotel Vancouver eröffnet.

1959 Mit dem Oakridge Centre, dem ersten Einkaufszentrum der Stadt, dem Queen

Elizabeth Theatre, dem Vancouver Maritime Museum und dem den Fraser River George unterführenden Massey Tunnel werden vier bedeutende Bauprojekte fertiggestellt.

1964 Die BC Lions gewinnen zum ersten Mal den Canadian Football League's Grey Cup, die kanadische Meisterschaft im American Football.

1970 Die Vancouver Canucks bestreiten ihr erstes Spiel in der National Hockey League.

1983 Das BC Place Stadium, bis heute mit 60.000 Sitzplätzen das größte Stadion der Stadt, wird eröffnet.

1985 Die erste Trasse des SkyTrain, Vancouvers bedeutendstes öffentliches Verkehrsmittel, wird im Hinblick auf die Expo 86 in Betrieb genommen.

1986 Zum 100-jährigen Jubiläum der Stadt ist Vancouver Ausrichter der Weltausstellung. Mit 22 Millionen Besuchern innerhalb von sechs Monaten ist die Expo 86 ein großer Erfolg.

1985 3200 Läufer nehmen am ersten Vancouver Sun Run teil. Heutzutage laufen über 50.000 die 10 Kilometer lange Strecke zwischen Innenstadt und dem Stanley Park.

1988 Zum ersten Mal wird mit dem Vancouver Gay Pride Festival das größte Schwulen- und Lesben-Festival im Westen Kanadas veranstaltet.

1995 Mit der Vancouver Library, dem General Motors Place und dem Ford Centre of Performing Arts eröffnen drei bedeutende Gebäude in der Innenstadt ihre Tore.

2003 Das Internationale Olympische Komitee vergibt die Olympischen Winterspiele 2010 nach Vancouver/Whistler.

2009 Das Living Shangri-La, mit 201 Meter das höchste Gebäude der Stadt, eröffnet seine Pforten.

2010 Vancouver veranstaltet zusammen mit Whistler die Olympischen Winterspiele.

LEBEN IN DER STADT

Die Stadt, in der man den Tag mit einer Kanufahrt auf dem Pazifik beginnt und die Loipen herunterwedelnd beendet – das ist das wohl meistgebrauchte Vancouver-Klischee schlechthin. Wie alle Klischees beinhaltet es ein Stück Wahrheit, veranschaulicht es doch tatsächlich die einzigartige Bandbreite des Freizeitangebotes der Stadt. Wie wäre es zum Beispiel anstelle von Kanufahren mit Joggen entlang der die gesamte Innenstadt umlaufenden Uferpromenade, mit einem Besuch der zahlreichen Museen oder einem Spaziergang im Regenwald des Stanley Parks. Wem das nicht zusagt, der kann beim Shopping das unübersehbare Angebot der zahllosen Geschäfte durchstöbern, in einem der an fast jeder Straßenecke ansässigen Cafés das Leben und die Menschen aus aller Welt an sich vorbeiziehen lassen oder einfach nur ganz faul am Strand liegen und die einzigartige Kulisse der „City of Glass" auf sich wirken lassen – Skifahren kann man dann ja immer noch. Tatsächlich kann man all das am gleichen Tag machen, nur man muss es halt nicht. Warum sollte man auch, würde man so doch genau die gegenteilige Grundeinstellung an den Tag legen, die mit zur speziellen Lebensqualität Vancouvers beiträgt – ihre trotz aller Geschäftigkeit ansteckende Gelassenheit.

Gelassenheit muss man sich leisten können und tatsächlich kann man sich manchmal des Eindrucks nicht erwehren, dass die Vancouverites ob all der sie umgebenden natürlichen Schönheiten ein wenig verwöhnt sind. Das hierbei durchschimmernde Vorurteil vom verwöhnten Schönling, der in seiner hedonistischen

018vc Abb.: tb

Selbstverliebtheit das Arbeiten lieber anderen überlässt, spiegelt sich auch in dem im Rest Kanadas häufig zitierten Spruch *„Vancouver is the city the rest of Canada loves to hate"* wider. Wer kann es den Kanadiern verdenken, dass sie ein wenig neidisch auf eine Stadt schauen, in der die Einwohner im April in Shorts an den Stränden Beachvolleyball spielen, während der Rest des Landes noch unter einen dicken Schneedecke bibbert? Die ca. 2,4 Mio. Vancouverites wissen um die Lebensqualität ihrer Stadt, genießen es, doch gleichzeitig behalten sie es in typisch kanadischer Bescheidenheit und Westküstengelassenheit für sich.

Obwohl die unmittelbare Innenstadt eine von Betonhochhäusern vereinnahmte Halbinsel ist, hat man in kaum einer anderen Millionenstadt so sehr das Gefühl, Teil der Natur zu sein. Vancouvers Identität ist in erster Linie naturgegeben und äußert sich in der Qualität der Luft, dem Geschmack des Wassers, dem Licht, den Gerüchen und Farben der Natur. Die Vancouverites genießen es, an der frischen Luft zu sein und die ungezählten Freizeitmöglichkeiten der Stadt und Umgebung zu nutzen. Das Klischee vom übergewichtigen, vor dem Fernseher Chips essenden Nordamerikaner ist denn auch ziemlich das genaue Gegenteil vom „Homo Vancouver". Joggen, Fahrradfahren, Inlineskaten, Wandern, Skifahren, Snowboarden, Golfen, Segeln, Hockey spielen, Fußball – alles geht und aufgrund des für ganz Kanada einzigartigen milden Klimas dazu auch noch fast 365 Tage im Jahr. Kein Wunder, dass

▲ *Yaletown ist ein Musterbeispiel für gelungene Stadtplanung*

VON DER STADT DER TRÄUME ZUR ALBTRAUMSTADT

An einem beliebigen Vormittag in Gastown: Schick gekleidete Einheimische sitzen leger auf der Terrasse eines der vielen schmucken Restaurants um den Maple Square und laben sich an leckeren Gerichten, während die umherschlendernden Touristen die Auslagen der Designergeschäfte betrachten und die Aussicht auf die Wolkenkratzer der Stadt im Hintergrund bestaunen.

Kaum zweihundert Meter weiter in der West Hastings Street zeigt sich ein gänzlich anderes Bild: Bis auf die Knochen abgemagerte, oft nur spärlich bekleidete Gestalten, die meisten von ihnen offensichtlich drogenabhängig, streunen über die Bürgersteige entlang der heruntergekommenen Straßen und suchen in den Abfalleimern nach Essbarem.

Nur wenige Hundert Meter trennen die Idylle in Gastown von jenem Albtraumviertel, das wie ein Stachel am Selbstwertgefühl der Vancouverites nagt. ***Downtown Eastside (DES)*** *ist weit über die Grenzen Vancouvers hinaus zum Synonym für eine den Problemen von Obdach- und Heimatlosen nicht gewachsenen Wohlstandsstadt geworden. Das Viertel ist nicht nur das ärmste ganz Kanadas, sondern verzeichnet zudem die höchste Aids-Infektionsrate der westlichen Welt.*

Die offen zu Tage tretenden Probleme sind derart eklatant, dass die UN auf die Dringlichkeit einer Lösung der Situation mit den Worten ihrer Sprecherin Patricia Leidl hinwies: „Dies ist eine der schlimmsten städtischen Regionen die ich je gesehen habe – und ich habe die ganze Erde bereist."

Dabei ist Downtown Eastside nicht nur eines der ältesten Viertel der Stadt, sondern war bis in die 1960er-Jahre auch eines der angesehensten und geschäftigsten. Hier befanden sich mit der Stadthalle, dem Gericht und der Bibliothek drei der bedeutendsten historischen Gebäude. Der Bereich um die Hastings Street galt als ein Zentrum der Kultur- und Unterhaltungsszene. Mit der Verlagerung des Stadtzentrums Richtung Westen und den dort entstandenen Malls begann Anfang der 1970er-Jahre der Niedergang. Was folgte, war der ***Einzug von Prostituierten,*** *die aus anderen nun durch moderne Apartmenthäuser sanierten Vierteln wie dem West End vertrieben worden waren. Als letztlich 1993 auch noch mit Woodward eines der größten Kaufhäuser der Stadt, welches jahrzehntelang als sozialer Mittelpunkt des Viertels gedient hatte, seine Tore schloss, war die DES bereits zu einem Elendsviertel verkommen.*

Amphetamine, Heroin und Kokain *werden auf offener Straße und am helllichten Tag an der Hauptverkehrskreuzung von East Hastings und Main Street gehandelt, Spritzen und Kondome bedecken die Gassen – kaum hundert Meter von der Polizeistation entfernt. In den Hinterhöfen der leer stehenden Häuser bieten offensichtlich drogenabhängige, oftmals minderjährige Frauen ihre Dienste an, Diebstähle und Einbrüche sind an der Tagesordnung.*

Die ***demografische Zusammensetzung*** *der offiziell 16.500 Einwohner zeigt, dass ethnische Minderheiten und Einwanderer überproportional vertreten sind. So liegt der Prozentsatz der Ureinwohner mit 14 % etwa viermal so hoch wie im Landesdurchschnitt, 45 % der Einwohner werden als „Immigrants" geführt.*

Dabei gibt es keinen Mangel an ***Hilfsorganisationen*** *und Sozialarbeitern, die sich rührend um das Schicksal der Abhängigen kümmern. Organisationen wie „Women's Centre", „WISH" und „LifeSkills Centre" sowie zahlreiche Kirchen bemühen sich um Wohnraum für Frauen in Not, stellen Prostituierten warme Mahlzeiten, Kleidung und Hygieneartikel unentgeltlich zur Verfügung, organisieren Freizeitaktivitäten und Gemeinschaftstreffen und bieten seelischen Beistand. Das „UBC Learning Exchange Program" der Universität von British Columbia bietet kostenlose Fortbildung zur Verbesserung der Berufschancen an, „Pivot Legal Society" ist eine gemeinnützige Einrichtung die unentgeltlich rechtlichen Beistand zur Verfügung stellt.*

Auch die von der Stadt und der Provinz finanzierten Einrichtungen, von denen ***„Insite"*** *(Nordamerikas erster vom Staat genehmigter Drogenkonsumraum, in dem Drogenabhängige unter Aufsicht Drogen spritzen können) die bekannteste ist, haben an der Situation der Drogenabhängigen im Laufe der letzten 10 Jahre kaum etwas geändert.*

So bedrückend die Lage auch ist, sprießen doch seit Kurzem erste Knospen der Hoffnung. Dabei kommt der Wandel aus einer Ecke, aus der man es als Letztes erwartet hätte. Die ***Concord Pacific Group,*** *Vancouvers größte Baufirma, die zusammen mit den Planern der Stadt federführend bei der Neugestaltung von Yaletown und Coal Harbour war, hat eine ganze Straßenzeile an der West Hastings Street im Zentrum des East End aufgekauft. Der durch den enormen Bauboom der letzten 10 Jahre immer teurer und kleiner werdende Platz im Stadtzentrum hat das Augenmerk der Investoren auf das zuvor chronisch gemiedene East End werfen lassen.*

Besonders vielversprechend ist der ***Wiederaufbau des alten Woodward-Gebäudes.*** *In den Räumen des bis auf die originalgetreue Fassade komplett neu aufgebauten ehemaligen Kaufhauses sollen unter anderem mehrere Hundert Wohnungen für sozial Schwache entstehen, Tagesstätten und soziale Organisationen wie „Aids Vancouver" sowie Galerien und Kunststudios einziehen. Die nächsten Jahre werden zeigen, ob sich die mit dem Prestigeobjekt verbundenen Hoffnungen auf eine Kehrtwende in der traurigen Geschichte der Downtown Eastside bestätigen.*

019vc Abb.: tb

▶ *Im CCHQ von Marc Emery, dem „Prince of Pot", werden alle möglichen und unmöglichen Utensilien rund um den Drogenkonsum angeboten*

Vancouver zur „fittesten“ Stadt des Landes erklärt wurde.

Dass die Stadt und deren Einwohner, denen die Naturverbundenheit quasi mit in die Wiege gelegt wurde, ein besonders inniges Verhältnis zum **Schutz der Umwelt** haben, versteht sich von selbst. Der Stadtrat hat eine Kampagne gestartet, wonach Vancouver in zehn Jahren die umweltverträglichste Großstadt der Welt sein soll. Schon heute ist sie mit einem Anteil von 90 % hydroelektrischer Energie am Gesamtenergiehaushalt weltweit führend. Ein weiterer Baustein auf dem Weg zur „greenest city in the world“ ist die Reduzierung von Treibhausemissionen von 20 % unter die im Kyoto-Abkommen festgeschriebenen Zahlen.

Als eine seit ihren Anfängen von Einwanderern geprägte Stadt am Pazifik sind **Toleranz und Weltoffenheit** zwei weitere selbstverständliche Charakteristiken der einheimischen Seele. Toleranz ist hier kein in erster Linie vom Staat vorgegebenes Schlagwort, sondern gelebte Normalität.

020vc Abb.: tb

Vancouver gehört zu einer der wenigen Städte der Welt, in der es **keine dominierende Ethnie** gibt, über die Hälfte der Bevölkerung gibt eine andere Sprache als Englisch als ihre Muttersprache an und mit über 7 % weist Vancouver die höchste Rate an interkulturellen Ehen in Kanada auf.

Seit den ersten Jahren der europäischen Besiedlung in der zweiten Hälfte des 19. Jahrhunderts bildeten Menschen von den Britischen Inseln die größte Einwanderergruppe und sind auch heute noch die größte ethnische Gruppe in Vancouver. Bis in die 1960er-Jahre war die Stadt ausgesprochen britisch geprägt, da die meisten britischen **Einwanderer** direkt hierher zogen, ohne zuvor in den östlichen kanadischen Provinzen gelebt zu haben. Vor den 1980er-Jahren bildeten Menschen deutscher Abstammung die zweitgrößte Gruppe, gefolgt von solchen aus der Ukraine und aus Skandinavien. Die meisten europäischen Einwanderer bzw. deren Nachkommen sind in der Zwischenzeit vollständig assimiliert.

Mit einem Anteil von ca. 40,4 % sind die 381.000 **Chinesen** mit Abstand die größte nichteuropäische Bevölkerungsgruppe. Fast 75 % von ihnen wurden außerhalb Kanadas geboren. Sie kamen in zwei großen Einwanderungswellen nach British Columbia. Zunächst in der zweiten Hälfte des 19. Jahrhunderts während des Goldrauschs im Fraser Canyon und des Baus der transkontinentalen Eisenbahnlinie und dann knapp 100 Jahre später in den 1980er- und 1990er-Jahren vor der Übergabe Hongkongs an die Volksrepublik China. Von den chinesischen Sprachen, die in Vancouver gesprochen werden, ist das Kantonesische am weitesten verbreitet.

Eine weitere bedeutende ethnische Gruppe sind die ca. 207.000 südasiatischen Einwanderer, wobei es sich bei den allermeisten um Sikhs aus dem nordwestindischen Bundesstaat Punjab handelt, aber auch um Vietnamesen, Filipinos, Koreaner, Khmer und Japaner.

Vancouver als „**Tor Asiens**" – schon heute eine Metapher für das pazifische Zeitalter nach dem Ende des atlantischen – könnte im 21. Jahrhundert eine ähnliche Rolle als Brückenkopf zwischen Asien und Amerika spielen wie New York im 20. Jahrhundert als Verbindung zwischen Amerika und Europa.

Doch Größe und Geld allein machen Vancouver noch nicht kosmopolitisch. Wenn auf Dauer vor allem die Kälte der Geschäftswelt das Klima bestimmt, dann stehen die für Vancouver charakteristischen Werte wie **liberaler Geist und lässige Lebensart**, kreative Freiheit und künstlerischer Wagemut auf dem Spiel. Der bei den Kanadiern stark ausgeprägte Wunsch, es allen recht zu machen, führt in einer Gesellschaft der kulturellen, ethnischen Vielfalt zwangsläufig zum Austausch freundlicher Allgemeinplätze, der bei Auswärtigen sehr schnell als Oberflächlichkeit angesehen wird. In dem Wunsch, keine kulturell geprägten Gefühle zu verletzen, gibt man sich „politisch korrekt". Zumindest im öffentlichen Bereich – unter Freunden sieht es da schon anders aus. Bevor man dieses Verhalten kritisiert, sollte man nicht vergessen, dass dies ein vergleichsweise geringer Preis für die in der Tat bewundernswerte Eigenschaft der Kanadier ist, jeden in seiner kulturellen und ethnischen Eigenart zu akzeptieren und zu respektieren.

DIE OLYMPISCHEN WINTERSPIELE 2010

Der Aufschrei war so gewaltig, als hätten die Vancouver Canucks, die heiß geliebte Hockeymannschaft, das entscheidende Tor zum Gewinn des Stanley Cups geschossen. Und tatsächlich fielen sich die 20.000 begeisterten Besucher im GM Place, dem Spielort der Canucks im Zentrum der Stadt, in die Arme. Das Spiel hieß aber nicht Canucks gegen die Toronto Maple Leafs, sondern Vancouver gegen Pyeongchang, Skiresort in Südkorea. Grund für die Begeisterung an diesem 2. Juli 2003 in Vancouver und an den Bildschirmen im ganzen Land war die **Entscheidung des IOC**, die Olympischen Winterspiele 2010 nach Vancouver zu vergeben. Nach der Expo im Jahre 1986, die die Westküstenmetropole das erste Mal ins Licht der Weltöffentlichkeit gerückt hatte, wurde Vancouver damit erneut ein globale Aufmerksamkeit garantierendes Ereignis zuerkannt.

Vancouver und die umgebende Region erleben einen **Bauboom**, wie er sogar für die seit Jahren mit wirtschaftlichem Wachstum gesegnete Stadt außergewöhnlich ist. Um fit für die Olympischen Winterspiele 2010 zu sein, werden auf einer Strecke von rund 100 Kilometern entlang Kanadas Westküste neue Sportstätten gebaut und bestehende Stadien instand gesetzt. Vancouver und auch

◄ *Eines von vielen typischen Geschäften in Chinatown*

OLYMPISCHE STÄTTEN 2010

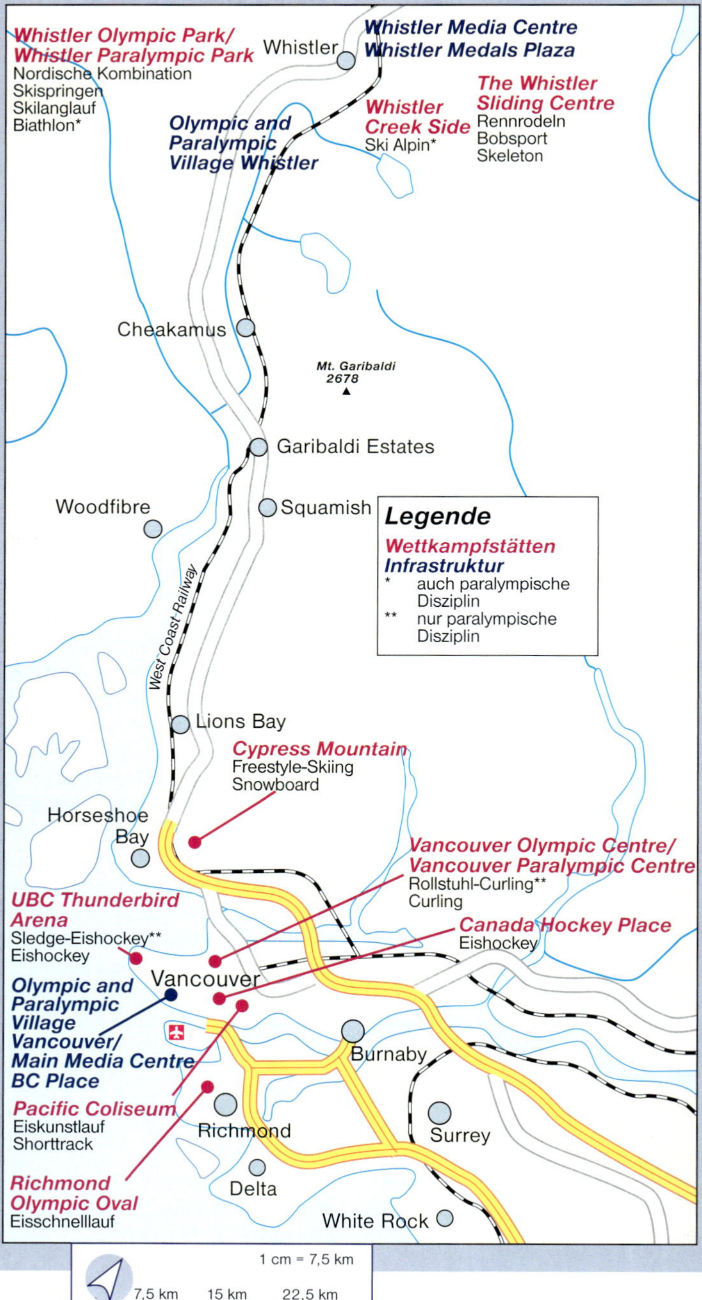

das Wintersportgebiet Whistler nutzen den Schwung der kommenden Spiele, um zahlreiche andere Bauvorhaben zu vollenden, die erst durch die Olympiapläne ausreichend Unterstützung und Geld bekamen.

Die Spiele sind ein starker Katalysator und beschleunigen viele Projekte, die schon lange geplant waren, aber jetzt erst den nötigen Antrieb bekommen haben. Neben Vancouver investieren die Provinz British Columbia, die kanadische Regierung und das Nationale Olympische Komitee **Milliardensummen in den Ausbau der Stadt und der Region.** Die genauen Kosten sind schwer zu ermitteln, da Geld aus vielen Töpfen für viele Projekte zusammenfließt, die nicht immer ausschließlich mit den Olympischen Spielen zu tun haben.

Die Mitte 2009 Jahr fertiggestellte **Canada Line** soll 2010 die Olympiagäste – und auch alle anderen Besucher der Stadt – in 20 Minuten vom Flughafen zur Innenstadt bringen. Diese zum großen Teil auf Stelzen erbaute S-Bahn wird den Verkehr in den Außenbezirken der Stadt, der in den letzten Jahren stark zugenommen hat, entlasten.

Bei diesem Bau – wie auch bei allen neuen oder ausgebauten Sportstätten – ist Olympia die treibende Kraft, aber nicht der einzige Zweck. So wird das **olympische Dorf**, eine Hochhaussiedlung mit rund 1100 Wohnungen direkt am Ufer des False Creek, später zum Teil in exklusive Eigentumswohnungen umgewandelt, zum Teil in staatlich geförderten Wohnraum für arme Familien. Etwa ein Viertel der Wohnungen ist sozial bedürftigen Mietern vorbehalten, so hat es die Stadt den privaten Investoren vorgeschrieben, die das Projekt entwickelten. Das Bauland, das die Stadt lange brachliegen ließ, liegt ist einer der begehrtesten Wohngegenden der Innenstadt Vancouvers.

Soziale Gesichtspunkte spielen auch beim Neu- und Ausbau der Sportstätten für 2010 eine große Rolle: Die meisten Hallen und Stadien sind so konstruiert, dass sie nach den Spielen für die lokalen Eishockeyvereine, für Basketball oder andere Breitensportarten von den Anwohnern genutzt werden können. Im Übrigen legt man Wert darauf, dass die Sportstätten über die ganze Stadt verteilt sind, sodass auch die außerhalb des Zentrum gelegenen Viertel unmittelbar von den Spielen profitieren. So entstand im Stadtteil **Richmond** mit dem über C$ 200 Mio. teuren Speedskating Oval eine ultramoderne Anlage, um die mehrere Einkaufszentren und Parks errichtet wurden. Auch das Hillcrest Curling Centre wurde als Austragungsort des bei Kanadiern sehr populären Curling aufwendig

021vc Abb.: tb

▲ *Gut vorbereitet heißt Vancouver die Gäste und Sportler aus aller Welt willkommen*

modernisiert. Das 7500 Zuschauern Platz bietende, neuerbaute **Hockey Stadion** an der Universität von British Columbia wird über Jahrzehnte für die hockeybegeisterten Vancouverites zur Verfügung stehen.

Andere bereits existierende Sportstätten wie das **BC Place Stadium** 5, welches als Ort der Eröffnungs- und Schlussfeier sowie der Medaillenvergabe dient und das **Pacific Coliseum** (Eiskunstlauf und Shorttrack-Wettbewerbe) erfuhren eine teure Renovierung.

Auch die Hoffnungen für den Tourismus sind groß. Hunderttausende Besucher von außerhalb Kanadas werden alleine während der Spiele erwartet, der **langfristige Werbeeffekt** soll ein Vielfaches an Gästen bringen, hoffen die Tourismusplaner. Darauf stellen sich auch die Hoteliers ein. Allein fünf große Hotels wurden in den letzten zwei Jahren vor den Olympischen Spielen gebaut. Ziel der Tourismusmanager ist es, dass Vancouver nicht mehr nur als Tor zu den Rocky Mountains, sondern als ein lohnendes Ziel für sich wahrgenommen wird.

Mit knapp C$ 800 Millionen eines der teuersten Infrastrukturprojekte war der Ausbau des Vancouver mit Whistler verbindenden **Sea to Sky Highway.** Die äußerst attraktive Straße von Meeresebene auf 1200 Meter Höhe durch die Coastal Mountains, vor dem Ausbau ein notorisches Nadelöhr, wird Zigtausende von Gästen innerhalb von ca. 2 Stunden ins 115 km entfernte Whistler befördern. In Whistler und Umgebung werden die alpinen Skiwettbewerbe, Skispringen, Nordische Kombination, Biathlon, Skilanglauf, Rodeln, Skeleton und Bobwettbewerbe ausgetragen.

Auch wenn die Spiele bei einem Großteil der Bevölkerung auf breite Zustimmung treffen, hat eine **lautstarke Minderheit gegen die Olympischen Spiele** mobil gemacht. Ihre Hauptargumente sind die ausufernden Kosten sowie die umweltschädlichen Auswirkungen der neugebauten Straßen und Veranstaltungsstätten. Besonders der von den Kritikern immer wieder herausgehobene Widerspruch zwischen den von der Stadt, Landesregierung und dem Staat zur Verfügung gestellten Milliarden für das Prestigeprojekt und den Tausenden von Obdachlosen für die angeblich nicht genügend Geld zur Verfügung steht, stößt auch bei jenen auf offene Ohren, die sich ansonsten positiv zu den Spielen äußern. Dies umso mehr, als sich die Ausgaben für einige Projekte gegenüber der ursprünglichen Planung verdoppelt und verdreifacht haben – und die Politiker umgehend Kredite in Millionenhöhe zum Ausgleich der Kosten zur Verfügung stellen.

VANCOUVER ENTDECKEN

022vc Abb.: tb

Kaum eine Stadt der Welt hat eine derartige Vielfalt an landschaftlichen und von Menschenhand geschaffenen Sehenswürdigkeiten zu bieten wie Vancouver. Mit seinen Stränden, Parks, Regenwäldern, schneebedeckten Küstenbergen, seinen architektonischen Monumenten, seiner internationalen Küche, den die ethnische Vielfalt widerspiegelnden Vierteln, den Museen und Einkaufsmöglichkeiten sowie den unzähligen Freizeitmöglichkeiten bietet das Juwel an der Nordwestküste Amerikas fast unbegrenzte Möglichkeiten.

ERLEBENSWERTES IM ZENTRUM

1 ROBSON STREET ★★★ [G2]

Vancouvers Haupteinkaufsstraße und inoffizielle Flaniermeile ist die mitten durch Downtown verlaufende, ca. drei Kilometer lange Robson Street. Speziell im Sommer, wenn sich täglich bis zu 80.000 Menschen entlang der Bürgersteige drängeln, gerät die Robson Street zum Laufsteg der Schönen und Reichen und jener, die genau jene einmal von Nahem sehen möchten.

Die Robson Street ist Vancouvers Version vom Sunset Boulevard oder Las Vegas Strip, wie die mit C$ 18.000 für 100 m² höchsten Ladenmieten Kanadas belegen. Vor gut 20 Jahren, als sie wegen ihrer vornehmlich deutschen Prägung noch offiziell „Robsonstraße" hieß, konnte man für solche Summen statt 100 m² eine ganze Häuserzeile mieten. „Shop till you drop", heißt die Devise, die **angesagtesten Konsumtempel** verzeichnen ein Besucheraufkommen von bis zu 1500 Kauflustigen pro Tag. Dementsprechend reihen sich internationale Luxusgeschäfte, Hotels, Restaurants, Bars und Cafés aneinander. „Schnitzelhaus" und „Bavarian Bakeries" gehören der Vergangenheit an, an ihre Stelle sind „Zara", „Tommy Hilfiger" und „Ferragamo" getreten.

Herzstück der Robson Sreet ist der von einigen der markantesten historischen Bauten Vancouvers eingerahmte **Robson Square.** Von der oberen Terrasse des vom Stararchitekten Arthur Erickson Mitte der 1980er-Jahre gestalteten Platzes bietet sich eine tolle Aussicht auf die umliegende Skyline. Hier schlägt der Puls der ansonsten durch ihre unterschiedlichen „Neighbourhoods" gekennzeichneten Stadt. Egal ob man nun feiern, promenieren oder protestieren will, hier kann man sich der – zumal medialen – Öffentlichkeit sicher sein. Irgendwo entlang der Straße scheint immer ein Kameramann oder Filmteam bereitzustehen. Und so kommen sie denn alle – seien es Fußballfans nach dem Sieg ihrer Mannschaft bei großen internationalen Turnieren, Canucks-Anhänger, um ihrem über alles geliebten Hockeyteam zu huldigen oder Demonstranten jedweder (aber meistens linker) politischer Richtung.

► *Vancouver Art Gallery und Bankgebäude: Traditionelle und futuristische Architektur bilden in Vancouver eine harmonische Synthese*

◄ *Vorseite: Der Water Park vor der Kulisse der Skyline von Coal Harbour*

023vc Abb.: px: © Dieter Schütz/PIXELIO

❷ VANCOUVER ART GALLERY ★★ [G3]

Neben dem Robson Square gehören die Treppenstufen der direkt gegenüber gelegenen Vancouver Art Gallery zu den beliebtesten Treffpunkten entlang der Robson Street. Von 1911 bis Mitte der 1980er-Jahre diente der viktorianische Bau als Gerichtsgebäude. Architekt war **Francis Rattenbury,** der um die Wende zum 20. Jahrhundert mit dem Parlamentsgebäude und dem Empress Hotel zwei der bedeutendsten viktorianisch geprägten Bauten in Victoria, der Hauptstadt British Columbias entwarf. Seine Biografie vom gerade einmal zwanzigjährigen Immigranten aus England, der binnen kürzester Zeit zum Stararchitekten des britischen Empire aufstieg bis zu seinem traurigen Ende als Opfer eines Komplotts seiner Frau und deren wesentlich jüngerem Geliebten (seinem Chauffeur) hätte sicherlich als spannende Vorlage für die zahlreichen seither in diesem imposanten Kolonialgebäude gedrehten Filme dienen können. Heute beherbergt die VAG, wie sie von Einheimischen kurz genannt wird, neben Wechselausstellungen internationaler Künstler eine der besten **Sammlungen von Emily Carr.** Die 1871 in Victoria geborene Künstlerin gilt mit ihren eindrucksvollen Landschaftsmalereien, welche vornehmlich Szenen aus British Columbia darstellen, ihrem zumal für eine Frau zu Beginn des 20. Jahrhunderts exzentrischen Lebensstils und ihrer tiefen Verbundenheit zu den Ureinwohnern als eine der bekanntesten Malerinnen Kanadas.

Besuchenswert ist auch der angeschlossene **Museumsshop** mit einer großen Auswahl an ausgefallenen Geschenkideen.

› 750 Hornby St., Tel. 6046624719, www.vanartgallery.bc.ca, tägl. 10–17.30 Uhr, Di. und Do. bis 21 Uhr, C$ 19,50 (Erwachsene), C$ 7 (Kinder), Kinder unter 5 Jahren kostenlos

› **Anfahrt:** Buslinie 601, Station Burrard Street

3 HOTEL VANCOUVER ★ [G2]

Mit dem Hotel Vancouver liegt ein weiteres Schmuckstück kolonialer Architektur gleich neben der Art Gallery, getrennt nur durch die Hornby Street. Noch heute strahlt das 1939 nach zehnjähriger Bauzeit eingeweihte **Luxushotel** jene majestätische Erhabenheit aus, welche allen von der Canadian Pacific Railway zu jener Zeit erbauten Luxusherbergen eigen war. Wahrzeichen dieser französischen Schlössern nachempfundenen Prachtbauten sind ihre grünen, spitz zulaufenden Kupferdächer. All jenen, die sich in den Häuserschluchten Vancouvers einmal verlaufen sollten, dienen sie als willkommene Wegmarken. Ein Gang durch die Lobby vermittelt einen Eindruck von der klassischen Eleganz und Wärme, die der Bau trotz seiner Ausmaße ausstrahlt.

Seine Fertigstellung hat das Hotel einer königlichen Fügung zu verdanken. Nach dem Baubeginn im Jahr 1929 ragte eine unfertige Stahlkonstruktion in den Himmel. Wegen der weltweiten Depression in den 1930er-Jahren war den Investoren das Kapital ausgegangen, sodass die Bauarbeiten für mehrere Jahre eingestellt werden mussten. Erst der für das Jahr 1939 angekündigte Besuch des englischen Königs, dem das herrschaftliche Haus als Unterkunft dienen sollte, führte dazu, dass der Bau fertiggestellt wurde. Wahrlich majestätische Ausmaße hatte die im Art-déco-Stil errichtete **Royal Suite.** Nicht weniger als acht Schlafzimmer, zwei Wohnzimmer, ein Ruheraum und ein Umkleidezimmer standen dem königlichen Paar zur Verfügung. Ironie der Geschichte: King George und Queen Elizabeth betraten die ihnen zu Ehren unter enormen Kosten erbaute Suite kein einziges Mal. Sie erreichten Vancouver am 29. Mai 1939 mit dem Zug um 10 Uhr und verließen es um 16.45 per Schiff Richtung Victoria. „Thanks for nothing", werden sich wohl viele Einheimische beim Abschied gedacht haben.

Auf die Kaufkraft der exklusiven Kundschaft des Hotel Vancouver zählen die hoteleigenen Geschäfte: Gucci, Hermes, Louis Vuitton ...

› 900 West Georgia St., www.fairmont.com/hotelvancouver, Tel. 6046843131

Die auf der anderen Seite der sechsspurigen Georgia Street an der Kreuzung zur Burrad Street gelegene **Christ Church Cathedral** gehört zu den ältesten erhaltenen Gebäuden Vancouvers. Anfang der 1970er-Jahre wäre der neugotische Sandsteinbau mit seinen massiven Balken im Inneren beinahe ein Opfer der Abrissbirne geworden. Nur aufgrund massiver Proteste der Bevölkerung konnte das 1895 eingeweihte Gotteshaus erhalten werden und steht seither unter Denkmalschutz. Die Bedeutung des

Gotteshauses zeigt sich in den hier für die englische Königin abgehaltenen Gottesdiensten. Wie sich traditionelle und moderne Architektur harmonisch ergänzen können, veranschaulicht die direkt neben der Christ Church Cathedral errichtete **Hongkong Bank.** Obwohl zwischen beiden Bauten fast 100 Jahre liegen, scheinen sie eine harmonische Synthese einzugehen. Im Übrigen korrespondieren die spitz aufragenden Dächer des Bankengebäudes mit den Dächern des auf der anderen Straßenseite gelegenen Vancouver Hotels und der Art Gallery. Auch bei der Hongkong Bank lohnt ein Abstecher in die Lobby, dient sie doch als Ausstellungsort zeitgenössischer Kunst.

024vc Abb.: tb

4 PUBLIC LIBRARY★★ [H3]

Ebenso teuer wie dementsprechend umstritten bei ihrer Einweihung hat sich Vancouvers Bibliothek seither zu einem Liebling der Vancouverites entwickelt. Der 1995 eröffnete Bau bildete den Motor für den sich seitdem rasant entwickelnden Teil der Robson Street von der Granville Street bis zum BC Place Stadium. Die neuesten umstehenden glitzernden Wolkenkratzer sind der imposante Beleg für den Aufschwung des zuvor vernachlässigten östlichen Teils der Robson Street. Beim Entwurf des Gebäudes mit seiner ovalen Form, den hohen Bögen und Terrakotta-Farben ließ sich der Stararchitekt Moshe Safdie ganz offensichtlich vom Kolosseum in Rom inspirieren. Sosehr er damit die Kritik von Kollegen auf sich zog, die Öffentlichkeit hat den Bau ins Herz geschlossen. Sobald sich die ersten Sonnenstrahlen zeigen, verwandeln sich die weitausladenden Treppenstufen vor der Bibliothek zu einem beliebten Treffpunkt. Ein idealer Ort, um mit einem Kaffee aus einem der zahlreichen umliegenden Cafés in der Hand die Sonnenstrahlen und das geschäftige Treiben zu genießen. Selbst wer nicht eines der über 1,2 Millionen Bücher ausleihen möchte, sollte sich das Innere des siebenstöckigen Gebäudes anschauen.

› 350 West Georgia Street, Tel. 604 3313603, www.vpl.vancouver.bc.ca, Mo.-Do. 10-21 Uhr, Fr./Sa. 10-18 Uhr, So. 12-17 Uhr
› **Anfahrt:** Skytrain Stationen Granville und Stadium, Buslinien 5, 6, 8 und 20, Station Richards Street

▲ *Das Atrium der Public Library*

5 BC PLACE STADIUM ★ [H4]

Die Zeremonienstätte der Olympischen Spiele 2010 (Eröffnungs- und Abschlussfeiern der Spiele und Paralympics wie auch Siegerehrungen) steht bereits: Das BC Place Stadium bildet den südöstlichen Abschluss der Robson Street und gehört schon lange zum Stadtbild Downtown Vancouvers. Eröffnet wurde die 60.000 Zuschauer fassende und derzeit im Jahr an rund 200 Tagen ausgelastete Arena 1983. Aktuell erfährt die noch immer über eine der weltweit modernsten Membrandachkonstruktionen verfügende Eventstätte eine Modernisierung. Ein – zum Glück ohne Personenschäden abgelaufener – Zwischenfall wie der teilweise Einsturz des Daches während eines Schneesturms im Januar 2007 bringt die Vancouverites nicht aus der Fassung.

Zu den Play-off-Spielen des lokalen Footballteams, den BC Lions, sind die 60.000 Sitzplätze des teflonbedachten Ovals bis auf den letzten Platz gefüllt. Ansonsten sind Tickets für die zwischen Juni und Oktober stattfindenden regulären Saisonspiele problemlos zu erhalten. Nur für absolute Sportfans dürfte die dem Haus angeschlossene BC Sports Hall of Fame interessant sein, in dem die lokalen Sportheroen glorifiziert werden.

Hinter dem BC Place Stadium verläuft die Uferpromenade (Seawall 13) am False Creek. Von hier bietet sich auch ein beeindruckender Blick auf das olympische Dorf, in dem die Teilnehmer der Olympischen Winterspiele und der nur wenige Wochen später durchgeführten Paralympics wohnen.

- 777 Pacific Blvd., Tel. 6046692300, www.bcplacestadium.com
- **Anfahrt:** Skytrain Station Stadium/ Chinatown, Buslinien 15 und 17

6 SCIENCE WORLD ★★ [J4]

Mit ihrem außergewöhnlichen Äußeren in Form einer Edelstahlkugel und ihrer attraktiven Lage am Ende des Falls Creek ist die Science World zu einem Wahrzeichen Vancouvers geworden. Das 15 Stockwerke hohe Gebäude ist eines der wenigen von der Weltausstellung 1986 erhalten gebliebenen Bauwerke. Nach dem Motto „Wissenschaft zum Anfassen" wurde hier eine „Wissenschaftswelt" für Kinder jeden Alters errichtet. Wie die Massen an Schulkindern beweisen, gehört die Science World zu den beliebtesten Museen Vancouvers. Speziell an Regentagen und an Wochenenden kann es hier sehr geschäftig zugehen. Wer dem Gewimmel entgehen will, kann sich einen 3-D-Film

025vc Abb.: tb

▶ *Eines der wenigen Relikte der Expo 1986: Science World*

auf der riesigen Leinwand des im gleichen Gebäude untergebrachten Omnimax Theatre anschauen.

› 1455 Quebec Street, Tel. 6044437443, www.scienceworld.ca, Mo.–Fr. 10–17 Uhr, Sa./So. 10–18 Uhr, ab C$ 18,75 (Erwachsene), C$ 12,75 (Kinder)
› **Anfahrt:** Skytrain Station Main Street/ Science World, Aquabus und False Creek Ferries

7 GRANVILLE ISLAND ★★★ [E5]

Vom Schmuddelkind zum „Everybody's Darling" – selbst im an Erfolgsgeschichten reich gesegneten Vancouver ist der Aufstieg der künstlichen Halbinsel im False Creek vom heruntergekommenen Industriegebiet zu einem der beliebtesten Einkaufs- und Freizeitzentren der Stadt außergewöhnlich.

Der Startschuss fiel Anfang der 1970er-Jahre, als zwei pfiffige Investoren das Potenzial des bis dahin von leer stehenden Fabriken und vor sich hinrostenden Lagerhallen bestimmten Areals erkannten und schließlich auch die Stadt von ihrem Vorhaben überzeugen konnten. 1979 eröffnete als Erstes der **Public Market** (s. S. 18), bis heute mit seinem überreichen Angebot an frischem Obst, Gemüse, Fisch, Käse, Backwaren und mit den diversen Spezialitätengeschäften Hauptanziehungspunkt der vielen Besucher Granville Islands. Ein äußerst beliebter Food Court sowie diverse Cafés tragen zum bunten Treiben bei. Wer dem Gedränge im Inneren der überdachten Markthalle entfliehen möchte, kann wählen zwischen diversen Freiluftterrassen, wo man neben der frischen Luft und großartigen Ausblicken auf den False Creek und die Skyline auch die Aufführungen von ständig wechselnden Straßenkünstlern genießen kann. Die allzu oft krampfhaft beschworene Formel vom Einkaufen als Spaßerlebnis ist hier Wirklichkeit geworden. Granville Island steht wirklich für das selbst gewählte Motto vom „people's place", wie die an Wochenenden bis zu 40.000 Besucher belegen. Die Angebotsvielfalt in den über 100 Ständen und Geschäften reicht vom frischen Pazifiklachs über Designerbrillen, modernen Hochseejachten und kunstvoll gefertigten Keramiken bis zu Kleiderschränken aus den Wüsten Nordwestindiens. Die angebotenen Waren gehören qualitativ zum Besten, was Vancouver zu bieten hat.

Der gleich neben dem Public Market gelegene **Net Loft** (s. S. 20) beherbergt einige der interessantesten Kunstgeschäfte Vancouvers. Ein

026vc Abb.: tb

▶ *Picknick mit Aussicht auf Granville Island*

Paradies für Kinder (und Albtraum für die sparsamen Eltern) ist der **Kids Market** (s. S. 20) mit einem breiten Angebot von ausgefallenen Spielen und Modegeschäften für die Kleinen. Im nebenan gelegenen **Water Park** (s. S. 115) können sich die Kleinen dann austoben.

› www.granvilleisland.com
› **Anfahrt:** Buslinie 50, Aquabus und False Creek Ferries

8 GASTOWN ★★★ [I2]

Trotz Hotel Vancouver, Robson Street und Vancouver Art Gallery – Vancouvers Geburtsstunde liegt in einem Viertel, das unter dem Namen Gastown bekannt geworden ist.

Namensgeber dieser Version einer europäischen Altstadt war ein sehr charismatischer Charakter namens **„Gassy Jack" Deighton.** Der geschäftstüchtige wie trinkfeste Schotte hatte die Zeichen der Zeit richtig gelesen, als er hier im Zentrum des später nach ihm benannten Viertels eine Bar errichtete. Wie ein Magnet zog sein „Deighton House" ab 1867 die stets durstigen Kehlen der Arbeiter aus dem nur einen Steinwurf entfernten Sägewerk an. Schnell entwickelte sich sein Salon am Maple Tree Square zum sozialen Mittelpunkt der noch in ihren Kinderschuhen steckenden Stadt. Jack, wegen seiner Geschwätzigkeit bald nur noch „gassy" (geschwätzig) genannt, avancierte zum ideellen Gründungsvater Vancouvers.

Noch heute bildet der **Maple Tree Square** an dem mit der Carrall, Powell und Water Street drei Hauptstraßen zusammentreffen, das Zentrum von

Gastown. Gassy Jack zu Ehren wurde hier eine Bronzestatue errichtet, welche beschützt von einem Ahornbaum stilsicher auf einer Whiskeytonne platziert wurde. Von seiner erhöhten Aussichtsstelle schaut Gassy auf das stets bunte Treiben auf dem kopfsteingepflasterten Platz.

Ihm gegenüber steht mit dem **Hotel Europe** eines der markantesten historischen Gebäude Vancouvers. Das von einem italienischen Architekten im Jahr 1908 erbaute Hotel ist nicht nur das erste Stahlbetongebäude der Stadt, sondern gilt als eines der schönsten Flatiron-Gebäude (*flatiron,* da die Form des Gebäudes an ein Bügeleisen erinnert) Nordamerikas. Kein Wunder, dass es im „Hollywood of the North" häufig von Filmcrews umstellt ist, die das „Bügeleisenhaus" als attraktiven Hintergrund für internationale Filmproduktionen wählen. Schaut man vom Hotel Europe Richtung Statue von Gassy Jack, erkennt man auf dem Dach des Gebäudes direkt hinter der Statue mehrere Schornsteine. Sie gehören zum **Alhambra**, dem lange geschlossenen, ehemals bedeutendsten Hotel der Gründerjahre Gastowns, das zurzeit aufwendig restauriert wird. Die Übernachtung kostete C$ 1 – viel Geld zur damaligen Zeit –, aber jedes Zimmer war mit einem eigenen Kamin ausgestattet.

Vom Maple Tree Square geht es entlang der **Water Street**, vorbei an hübschen Cafés, Restaurants und Designerläden Richtung Westen. Das Kopfsteinpflaster der Water Street verstärkt noch das Gefühl, in einer mittelalterlichen europäischen Stadt unterwegs zu sein. Tatsächlich stammt es ebenso wie die antiken Straßenlampen aus dem Jahr 1970, als die Stadtväter dem zu jener Zeit recht verloren wirkenden Viertel einen historischen Touch verleihen wollten. Ursprünglich war die Straße mit grauem Granit belegt, die Bürgersteige waren aus hölzernen Bohlen, die im Winter recht rutschig werden konnten. Das aus der Zeit der Wende zum 20. Jahrhundert stammende **Dominion Hotel** (Water Street 92) ist ein schönes Beispiel für die Architektur jener Jahre. Ursprünglich diente das Untergeschoss als Warenhaus. Eine Art historische Mogelpackung ist auch die vermeintlich alte **Dampfuhr** (Steam Clock) an der nordöstlichen Seite der Kreuzung Water Street und Cambie Street. Vor der

027vc Abb.: tb

◄ *Blick vom Maple Tree Square auf das historische Gastown*

fünf Meter hohen, dem Londoner Big Ben nachempfundenen Steam Clock versammelt sich alle 15 Minuten eine Traube kamerabewehrter Touristen, um die über dampfende Pfeifen gespielte „God Save the Queen"-Melodie zu erleben. Ob das Staunen auch noch so groß wäre, wenn die Leute wüssten, dass die Uhr bereits seit Jahren nicht mehr durch ein unterirdisch Dampf produzierendes Röhrensystem, sondern ganz profan durch Elektrizität angetrieben wird, bleibt dahingestellt.

Von hier lohnt sich ein Abstecher in die Cambie Street Richtung **Victory Square.** Dieser im Fadenkreuz mehrerer Straßen gelegene Platz war bis Anfang des 20. Jahrhunderts die Hauptschlagader des jungen Vancouver. Bis zum Neubau nach einem Entwurf von Francis Rattenbury an der West Georgia Street stand hier das alte Gerichtsgebäude. Während des Ersten Weltkrieges diente der „Siegesplatz" als Rekrutierungsort für die in Europa dienenden kanadischen Soldaten. Ein Denkmal auf der Anhöhe des begrünten Parks erinnert an die gefallenen Soldaten. Um den Victory Square befinden sich einige bedeutende historische Gebäude. Mit seinem rötlichen Kupferdach besonders markant ist dabei das **Dominion Building.** Finanziert wurde das zu seiner Einweihung 1909 mit 53 Metern höchste Gebäude des britischen Empire von dem Deutschen Alvo von Alvensleben, der zusammen mit seinem Bruder durch Investitionen in den drei klassischen kanadischen Wirtschaftszweigen Fischerei, Holzwirtschaft und Bergbau zu Wohlstand gelangt war. Nur drei Jahre nach seiner Fertigstellung musste das Dominion Building die Ehre, das höchste Gebäude des britischen Empire zu sein, an den ganz in der Nähe gelegenen World Tower abtreten. Mit 82 Metern übertraf der neoklassizistische Bau mit seinem markanten grünen Kupferturm seinen Vorgänger bei Weitem. Zunächst Heimat der Lokalzeitung „Vancouver World" wurde das Gebäude 1937, nachdem die „Vancouver Sun" als neue führende Zeitung eingezogen war, in **Sun Tower** umgetauft. Auch wenn die Vancouver Sun seit vielen Jahren woanders residiert, hat sich der Name seither erhalten.

Ein Wahrzeichen ganz anderer Art findet sich an der nordöstlichen Ecke von Cordova und Cambie Street. Der moderne Zweckbau mit seiner fensterlosen, von vertikal verlaufenden Betonplatten gekennzeichneten Fassade wirkt im historischen Gastown gänzlich deplatziert. Er ist eines von insgesamt nur zwei fertiggestellten Bauten des sogenannten **Projekts 200.** Mitte der 1960er-Jahre gab es weit fortgeschrittene Pläne, den Großteil der Gebäude in Chinatown und Gastown abzureißen und mit modernen Hochhäusern zu ersetzen. Zudem sollten mehrspurige Autobahnen von den Vororten in die Altstadt und zur Wasserfront führen. Die Innenstädte von Montreal und Toronto sind durch ähnliche Baumaßnahmen in den 1960er- und 1970er-Jahren erheblich in Mitleidenschaft gezogen worden. Nur der Tatsache, dass sich die Beschaffung der Gelder zur Genehmigung dieses weitreichenden Infrastrukturprogramms hinzog, ist es zu verdanken, dass sich rechtzeitig eine von vielen Bevölkerungsgruppen getragene **Protestbewegung** initiierte. Ihre Arbeit führte 1971 schließlich dazu, dass die beiden Viertel von der Stadtverwaltung offiziell als Kulturerbe ausgeschrieben wurden.

Geht man die Cambie wieder zurück Richtung Water Street biegt nach rechts die schmale **Blood Alley** ab. Der blutrünstige Name basiert auf den hier früher angesiedelten Schlachtereien und den in der Gasse durchgeführten öffentlichen Exekutionen. Heute geht es hier zivilisierter

◄ *Das Dominion Building am Victory Square ist eines der herausragenden Gebäude aus der Zeit des beginnenden 20. Jahrhunderts*

zu – verschiedene Restaurants, Kneipen und Nachtklubs haben sich entlang der Gasse angesiedelt. Das **Water Street Café** an der Ecke Cambie und Water Street befindet sich in den Räumen des ehemaligen Regina Hotels. Jenes war das einzige Gebäude, dass das große Feuer von 1886 überstand. Die Gäste hatten die Wände mit nassen Tüchern abgedeckt und auf dem Dach des Hauses standen Männer, die ständig Wasser aus Eimern an den Außenwänden heruntergossen.

Die Water Street trifft nach wenigen Hundert Metern wieder auf die **West Cordova Street**, welche die eigentliche Hauptstraße während der Hochzeit Gastowns zu Beginn des 20. Jahrhunderts war. Das Flatiron-Gebäude des sogenannten Holland Block aus dem Jahr 1896 schmiegt sich geschickt in das dreieckige Gelände. Von hier sind es nur noch wenige Meter bis zum Harbour Centre und der Waterfront Station ⑩.

› www.gastown.org

⑨ HARBOUR CENTRE TOWER (LOOKOUT) ★★ [I2]

Um sich im wahrsten Sinne des Wortes einen Überblick über die Innenstadt von Vancouver und die Umgebung zu verschaffen, gibt es keinen besseren Ort als den Harbour Centre Tower am Schnittpunkt von Seymour, Cordova und Hastings Street. Vom sogenannten „Lookout" auf 169 Meter Höhe bietet sich ein großartiger 360-Grad-Blick. An klaren Tagen reicht die Aussicht bis zum schneebedeckten Mount Baker im Bundesstaat Washington. Erklärungstafeln des 1977 von Neil Armstrong, dem ersten Mann auf dem Mond, eingeweihten Turmes geben einen interessanten Einblick in die Stadtgeschichte. Man kann angesichts der sich unter einem ausbreitenden Häuserschluchten nur staunen, dass die Anfänge Vancouvers kaum mehr als ein Jahrhundert zurückliegen. Von dieser erhöhten Warte lässt sich auch der für fast alle kanadischen Metropolen zutreffende historische Grundsatz erkennen, dass Kanada als Ganzes und seine Städte im Speziellen zunächst vom Wasser (Atlantik, Pazifik, Flüsse) her entdeckt und besiedelt wurden. Danach erschlossen die Eisenbahn und erst danach Straßen das riesige Land. Da das recht teure Ticket für den Harbour Centre Tower den ganzen Tag über gültig ist, empfiehlt es sich, zum Sonnenuntergang zurückzukehren und danach die beeindruckende Lichterwelt Vancouvers zu bestaunen.

Wer die fantastische Aussicht zusammen mit einem gepflegten Mittag- oder Abendessen im oberhalb des Lookout gelegenen **Drehrestaurant** (Top of Vancouver s. S. 27, eine Umdrehung dauert 60 Minuten) kombinieren möchte, bekommt das Ticket für den Lift zum Nulltarif.

› 555 West Hastings Street, Tel. 6046890421, www.vancouverlookout.com, Mai–Mitte Oktober 8.30–22.30 Uhr, Mitte Oktober–April 9–21 Uhr, C$ 13 (Erwachsene), C$ 9 (Jugendliche) C$ 6 (Kinder), Kinder unter 6 Jahren kostenlos

› **Anfahrt:** Skytrain Station Waterfront, SeaBus, Canada Line

⑩ WATERFRONT STATION (SEABUS) ★ [I2]

Noch heute, fast 100 Jahre nach seiner Einweihung strahlt der ehemalige Endbahnhof der transkontinentalen Eisenbahn jene in sich ruhende Macht und Würde aus, die Kolonialbauten des britischen Empire weltweit eigen ist. Tatsächlich handelt es sich um das historisch bedeutendste Gebäude Vancouvers. Ohne den Anschluss an die transkontinentale Eisenbahn hätte das damals noch unbedeutende Vancouver niemals jene herausragende Stellung im zweitgrößten Land der Erde erlangen können.

Der gegenwärtige, 1914 eingeweihte Bau ersetzte den schlossähnlichen Bahnhof, der früher die aus dem Osten des Landes anreisenden Gäste in Empfang nahm. Im Inneren entpuppt sich die Waterfront Station als mustergültig restauriertes Gebäude mit Restaurants, Cafés und Geschäften. Verglichen mit europäischen Bahnhöfen wirkt er erfrischend sauber und gepflegt.

Seine Bedeutung als Fernbahnhof hat der ehemalige Canadian Pacific Railway Terminus längst eingebüßt, dafür dient er als Ausgangs- und Endpunkt für Vorortzüge und eine der schönsten **Bootsfahrten**, die Vancouver zu bieten hat. Während der etwa 15-minütigen Überfahrt mit dem **Sea-Bus** von der Waterfront Station zum Londsdale Quay Market auf der anderen Seite des Burrad Inlet, einem Seitenarm des Pazifik, muss sich die glasverschalte Fähre einen Weg suchen zwischen Ozeandampfern, Passagierschiffen, Segelbooten, Jachten und zuweilen sogar Windsurfern. Das Ganze wird garniert mit dem Panorama der Westküstenberge, des Stanley Parks und der Lions Gate Bridge. Auf der anderen Seite angekommen, sollte man sich an dem großen Angebot an Obst, Gemüse, Broten und Fisch des öffentlichen Marktes laben, bevor man wieder zurückfährt, nun im Angesicht der imposanten Skyline von Downtown Vancouver.

› 601 West Cordova Street

11 CANADA PLACE ★★★ [H2]

Ein architektonisches Meisterstück par excellence ist der anlässlich der Weltausstellung 1986 als kanadischer Pavillon erbaute Canada Place. Mit seinen fünf hintereinander liegenden, jeweils 27 Meter hohen, schneeweißen, teflonbeschichteten Segeln nachempfundenen Dächern erinnert es an einen Ozeandampfer, der in See sticht.

Der deutschstämmige Architekt Ed Zeidler, der auch für das berühmte Eaton Einkaufszentrum im Zentrum von Toronto verantwortlich zeichnet, wollte damit die Verbindung Vancouvers zur See und zum Seehandel mit Asien zum Ausdruck bringen. Wie die Oper von Sydney ist das Gebäude zum Symbol einer weltoffenen, jungen, optimistisch in die Zukunft schauenden Metropole am Pazifik geworden. Kein anderes Gebäude wird häufiger auf Postkarten oder in Fotobüchern abgebildet als der Canada Place, der gleichzeitig Luxushotel (Pan Pacific Hotel), Konferenzzentrum, IMAX-Theater und Passagieranlegestelle in sich vereint. Neben seiner offensichtlichen stilistischen Brillanz beeindruckt der Bau ebenso durch seine äußerst attraktive Lage direkt am Burrad Inlet, einem Meeresarm des Pazifik. Beim Gang entlang der um den Canada Place verlaufenden **Aussichtsterrasse** bieten sich immer wieder faszinierende Ein- und Aussichten. Stunden könnte man beim Blick auf die ständig ein- und ausfliegenden Wasserflugzeuge und Helikopter und die Container- und Passagierschiffe vor dem Hintergrund der steil aufragenden Berge der Coastal Mountains und des Stanley Parks verbringen. Auf sehr informativen Erklärungstafeln entlang der

029vc Abb.: th

Aussichtsterrasse werden die einzelnen Sehenswürdigkeiten in ihrem historischen Zusammenhang erläutert.

Ebenso ambitioniert wie der Canada Place ist der unmittelbar daneben fertiggestellte **Erweiterungsbau des Konferenzzentrums** (Convention Centre). Mit seinen markanten Glasfronten und der umlaufenden Promenade, von der sich wiederum beeindruckende Aussichten speziell auf die Skyline von Coal Harbour bieten, dient er während der Olympischen Winterspiele 2010 als internationales Pressezentrum. Das Convention Centre ist nicht nur architektonisch herausragend, sondern wurde auch mehrfach mit dem Preis für das weltweit beste und umweltverträglichste Kongresszentrum ausgezeichnet. Einziger Wermutstropfen an diesem die wirtschaftliche Dynamik der Stadt symbolisierenden Convention Centre West sind die weit über die ursprünglich geplanten 495 Millionen auf 883 Millionen gestiegenen Baukosten.

› www.canadaplace.ca, Tel. 604 7757200
› **Anfahrt:** Skytrain Station Waterfront, SeaBus

▲ *Der Canada Place mit dem angeschlossenen Pan Pacific Hotel symbolisiert den Aufstieg Vancouvers zu einer der prosperierendsten Städte Nordamerikas*

12 MARINE BUILDING ★ [H2]

Wie Vancouvers Hochhäuser vor dem Siegeszug glasverkleideter Stahlkonstruktionen aussahen, veranschaulicht auf gelungene Weise das an der Kreuzung West Hastings Street und Burrad Street aufragende Marine Building. Heute im Schatten der umstehenden Wolkenkratzer stehend, galt es bei seiner Einweihung 1930 mit seiner Höhe von knapp 98 Metern als das höchste Gebäude des britischen Empire. Unglücklicherweise fanden sich aufgrund der den nordamerikanischen Kontinent beherrschenden Großen Depression keine Mieter. Trotz der für damalige Verhältnisse enormen Baukosten von C$ 2,5 Millionen boten die Investoren in ihrer Not der Stadt das Gebäude für C$ 1 Million zum Verkauf an. Noch heute wird bedauert, dass sie ablehnte, bot sich das Marine Building doch architektonisch und geografisch ideal als Stadthalle an. Schließlich sahen sich die Bauherren gezwungen, den Prachtbau mit enormem Verlust an die Guinness-Brauerei zu verkaufen.

Das 22-stöckige Bürohochhaus zählt zu den schönsten Art-déco-Bauwerken Nordamerikas. Besonders gelungen sind die die Fassade umlaufenden Reliefbänder mit für jene Zeit ungewöhnlichen Motiven wie Flugzeugen, Zügen und Schiffen sowie maritimen Mustern. Die Glasfenster über dem Eingang zeigen neben anderen Schiffen berühmter Entdecker mit der Discovery jenes Schiff, mit dem Kapitän George Vancouver Ende des 18. Jahrhunderts die heute nach ihm benannte Insel und Stadt umsegelte. Frei zugänglich und unbedingt sehenswert ist auch die einem Mayatempel nachempfundene Lobby mit ihren hölzernen, mit Kupfer verkleideten Aufzugstüren. Die sich in den Glasfenstern des auf der gegenüberliegenden Straßenseite gelegenen Bankengebäudes spiegelnde Fassade des Marine Buildings gehört zu einem der beliebtesten Fotomotive Vancouvers.

› 355 Burrard Street

13 SEAWALL ★★★ [ch]

Von dieser ca. 22 km langen, sehr beliebten Uferpromenade bieten sich tolle Blicke auf die Skyline der Stadt, den Pazifik und die Küstenberge.

Offiziell handelt es sich bei dem Seawall um die 8,8 km lange, 1980 eingeweihte Uferpromenade um den Stanley Park 14. Im Verlauf der letzten 20 Jahre hat die Stadtverwaltung diese Uferpromenade mit einem aufwendig angelegten Promenadenweg entlang der Wasserfront verknüpft, der stellenweise in die steil abfallenden Felsen gehauen wurde.

Der Seawall beginnt am Canada Place, verläuft rund um den Stanley Park, entlang dem Strand an der English Bay und anschließend rund um den False Creek und endet am Kitsilano Beach. Auf dem Seawall befindet sich ein asphaltierter Weg für Spaziergänger, Jogger, Radfahrer und Inlineskater, die diese Hauptattraktion Vancouvers ausgiebig nutzen.

14 STANLEY PARK ★★★ [ch]

Stanley Park, das sind gepflegte Gärten, verwunschene Lagunen und Seen, kilometerlange Wanderwege durch einen der letzten Bestände von uraltem Regenwald an der Südwestküste, Cricket-, Tennis- und Bowlingplätze, Totempfähle, Streichelzoo und Miniatureisenbahn, Sandstrände mit traumhaften Aussichten auf den Pazifik, eines der bekanntesten Aquarien Nordamerikas – und das alles in unmittelbarer Nähe zu einer der schönsten und aufregendsten Metropolen der Welt.

Zu behaupten, die Vancouverites würden ihren Stanley Park besonders schätzen, käme einer gewaltigen Untertreibung gleich. Sie haben dieses Juwel eines jeden Stadtplaners in ihr Herzen geschlossen und reagieren auf jede auch noch so geringe Störung ihres Heiligtumes so empfindsam, wie sich eine Mutter um ihr Neugeborenes sorgt. Selbst dem zu Weltruhm gelangten Brian Adams, Vancouvers wohl bekanntestem Sohn, wurde sein Wunsch, ein – wohlgemerkt eintrittsfreies – Open-Air-Konzert im Park abzuhalten, nicht erfüllt. Kommerzialisierung à la Central Park in New York ist den Kanadiern ein Greuel. Und als große Teile des Parks während eines Sturms im Winter 2006 in Mitleidenschaft gezogen wurden, beherrschte das die Schlagzeilen in Rundfunk, Fernsehen und Presse für mehrere Wochen. Gerade zu einer Zeit, in der jeder noch freie Zentimeter von Downtown Vancouver mit Hochhäusern zubetoniert wird und die Stadt immer weiter in die Außenbezirke ausgreift, ist den Einheimischen ihre Oase inmitten des modernen hektischen Lebens wichtiger denn je.

Zu verdanken haben die Vancouverites den mit 404 Hektar größten Stadtpark Kanadas ihren weitsichtigen Stadtvätern, die ihn 1886 als eine ihrer ersten Amtshandlungen in der Geschichte des gerade gegründeten Vancouvers unter Naturschutz stellten.

Sozusagen das Eingangstor zum Park ist die sogenannte **Lost Lagoon.** Ursprünglich Teil des Coal Harbour wurde sie 1922 zu einer „verlorenen Lagune", indem die zuvor hier verlaufende Brücke durch einen Damm ersetzt wurde, über den heute täglich Tausende Autos Richtung Lions Gate Bridge fahren. Die Lagune hat sich zu einem vor allem von Kanadagänsen bewohnten Vogelschutzgebiet entwickelt. Auf der südlichen, der Innenstadt zugewandten Seite der Lagune findet sich mit dem **Lost Lagoon Nature House** ein Informationszentrum,

030vc Abb.: fl, © owl_post - Fotolia.com

in dem anhand von Erklärungstafeln die vielfältige Flora und Fauna der Gegend dargestellt wird. Geht man von hier entlang des 10,5 km langen, um den gesamten Park herumführenden **Seawall** ⓭, eine Uferstraße mit parallel verlaufenden Fußgänger- und Fahrradwegen, gelangt man vorbei am Vancouver Ruderklub mit seinem hübschen Klubhaus im Tudorstil zum Informationsstand des Parks. Hier kann man sich für den weiteren Verlauf der Parkerkundung mit kostenlosem Kartenmaterial und (nicht kostenlosem) Eis eindecken.

› http://vancouver.ca/parks/parks/stanley/index.htm
› **Anfahrt:** Buslinie 19

⓯ Vancouver Aquarium ★★★ [ch]

Etwas zurückgesetzt von der Uferpromenade ist das Vancouver Aquarium angesiedelt. Mit über 1 Mio. Besuchern pro Jahr ist es nach dem CN-Tower in Toronto die meistbesuchte Sehenswürdigkeit Kanadas.

Über 70.000 Meerestiere sind in den diversen Aquarien zu bestaunen. Ein besonderes Anliegen der Betreiber besteht in der Sensibilisierung der Besucher für das gefährdete Ökosystem der Erde. Hierzu wurden diverse Natur- und Klimazonen samt Flora und Fauna nachgestellt. Am beeindruckendsten ist hierbei wohl der Amazon Rainforest. Schweißgebadet begibt man sich begleitet von den Lauten des tropischen Regenwaldes vorbei an Pelikanen, Papageien, Fröschen, Krokodilen und Schlangen und erschrickt bei den gelegentlich einsetzenden tropischen Regenschauern („garniert" mit kräftigem Donnern).

Hauptanziehungspunkt bei Jung und Alt sind jedoch die über den Tag verteilten Delfin- und Walvorführungen. Die mehrere Meter in die Luft springenden Delfine lösen immer wieder Begeisterungsschreie bei den jungen Besuchern aus. Zur Abkühlung werden sie dann von den Delfinen mit Wasser bespritzt. Berühmt ist das Vancouver Aquarium auch für seine vor allem vor den Küsten Alaskas, Kanadas und Russlands vorkommenden Belugawale. Begibt man sich in eine unterirdische Galerie, kann man über die eingebauten Fenster diese faszinierenden Meerestiere unter Wasser bestaunen. Im Übrigen geben die sehr informativen Erklärungstafeln interessante Einblicke in das gefährdete Ökosystem dieser Tiere.

› 845 Avison Way, Tel. 6046593521, www.vanaqua.org, tägl. 9.30–17 Uhr (im Sommer auch länger), C$ 22 (Erwachsene), C$ 17 (Jugendliche 13–18 Jahre), C$ 14 (Kinder 4–12 Jahre), Kinder unter 4 Jahren kostenlos
› **Anfahrt:** Buslinie 19

Nicht weit vom Aquarium entfernt finden sich mit einer Miniatureisenbahn durch den Regenwald (**Miniature Railway**) und einem Streichelzoo (**Children's Farmyard**) zwei weitere bei Familien mit Kindern beliebte Attraktionen.

⓰ Totempfähle ★★ [ch]

An der Uferpromenade nur wenige Gehminuten vom Aquarium entfernt, kündigt die Ansammlung von Ausflugsbussen eine weitere Sehenswürdigkeit an. Die hier sehr fotogen in den Himmel ragenden Totempfähle – bis

◄ *Vom Stanley Park bietet sich ein schöner Blick auf die Skyline von Vancouver*

zu 20 Meter hohe Pfähle, in die das Wappen einer Familie zusammen mit anderen realen und mystischen Tieren eingeschnitzt wird – sind die wohl schönste Ansammlung dieser vor allem bei den Ureinwohnern der Nordwestküste Nordamerikas bekannten Kunstform. Die Deutung dieser Pfähle steht nur den Ureinwohnern offen, da nur sie mit ihrer häufig von Märchen verwobenen Familiengeschichte vertraut sind. Kein Wunder, dass es da von Seiten der Besucher zuweilen zu „Missverständnissen" kommen kann. So lassen sich frisch vermählte Paare gern vor einem besonders attraktiven Totempfahl abbilden, bei dem eine Frau ihre Arme scheinbar zur Begrüßung ausstreckt. Tatsächlich handelt es sich dabei um die Sage von der „verrückten Bärfrau, die vom Himmel herabsteigt, um die Kinder zu stehlen" ...

Gleich neben den Totempfählen bietet sich ein sehr schöner Blick über Coal Harbour auf die Skyline von Downtown Vancouver. Nur über einen kleinen Damm mit dem Park verbunden ist **Deadman's Island.** Ursprünglich wohl ein Friedhof für die hier lebenden Salish-Indianer, diente die kleine Halbinsel unter anderem als Quarantänestation während der die Stadt heimsuchenden Windpockenepidemie zwischen 1888 und 1890. Seit dem Zweiten Weltkrieg wird dieses idyllische Stückchen Land vom Militär genutzt und ist dementsprechend für die Öffentlichkeit gesperrt.

Nur einen Steinwurf entfernt findet sich an der zur See gelegenen Seite des Seawall die sogenannte **Nine O'Clock Gun.** Diese englische Kanone wurde hier bereits vor über 100 Jahren platziert, um zu genauer Stunde (21 Uhr) die Seeleute an die Heimkehr in den Hafen zu erinnern. Auch wenn der Schuss inzwischen elektronisch abgefeuert wird, sollte man Vorsicht walten lassen: Der Kanonendonner ist immer noch infernalisch laut und bis zur Innenstadt zu hören. An der äußersten Spitze dieses als **Brockton Point** bezeichneten östlichen Teils des Parks befindet sich auf einer leichten Anhöhe ein kleiner Leuchtturm. Vom umliegenden Parkplatz bieten sich schöne Ausblicke.

Eine der Kopenhagener Meerjungfrau sehr ähnelnde Bronzeskulptur sitzt ganz lässig auf einem Felsen etwa 1 km westlich vom Brockton Point. Wie es der Name „Girl in a Wetsuit" bereits andeutet, ist sie den nordamerikanischen Moralvorstellungen entsprechend in einen, wenn auch enganliegenden, Schwimmanzug gekleidet. Nur wenige Schritte weiter findet sich die Nachbildung des Bugs der „SS Empress of Japan", ein altes Frachtschiff, welches über Jahrzehnte Waren zwischen Japan und Vancouver transportierte.

Nächster Stopp auf dem immer mit herrlichen Aussichten gespickten Seawall um den Stanley Park ist **Lumberman's Arch.** Die Rasenfläche um den zu Ehren der Holzfäller 1952 aus dem Holz der Douglasie errichteten Bogen ist ein beliebter Picknickplatz. Hierzu trägt sicherlich auch der daneben stehende Imbissstand bei. Sehr beliebt bei Kindern ist der zwischen Uferstraße und Seawall gelegene Wasserpark.

17 Lions Gate Bridge ★★ [ch]

Vom Wasserpark ist es gut ein Kilometer bis zur hoch aufragenden Lions Gate Bridge. Mit ihrem eleganten Stahldesign und der großartigen Lage ist sie seit ihrer Einweihung 1939 zu einem Markenzeichen der Stadt geworden. Ihren Namen erhielt sie von den zwei die Brückenauffahrt flankierenden Löwenskulpturen. Den Verkehrsmassen von jährlich 25 Millionen Fahrzeugen, die ihre Dienste als Verbindung von der Innenstadt nach North Vancouver nutzen, ist sie allerdings schon lange nicht mehr wirklich gewachsen. Seit Jahren wird über einen Umbau des überforderten Wahrzeichens diskutiert, ohne dass dabei bisher Substanzielles herausgekommen ist. So geht es der „Grand Old Dame“ wie so vielen im Grunde von der Zeit überholten Idolen – den Anforderungen der Moderne nicht mehr gewachsen, doch gerade deshalb als Relikt der „guten alten Zeit“ von den Einheimischen geliebt. Ein sehr schöner Überblick sowohl über die Brücke als auch über North Vancouver und den sich von hier nach Westen erstreckenden Pazifik bietet sich von dem über einen Fußweg vom Seawall zu erreichenden Aussichtspunkt **Prospect Point.**

Von hier kann man einen Abstecher zum ebenso einsam wie romantisch im Herzen des Parks gelegenen **Beaver Lake** unternehmen.

Nach dem Prospect Point öffnet sich der Seawall gänzlich zum Pazifik – der Weg wird schmaler und wilder, die Aussichten werden weiter, das Klima rauer, die Bäume höher

PICKNICK MIT AUSSICHT

Mit seinen Parks und Stränden in unmittelbarer Nähe zur Innenstadt sowie seinen traumhaften Aussichten auf den Pazifik und die Skyline lädt Vancouver in den Sommermonaten geradezu ein zum gepflegten Picknick.

Im Folgenden ein paar Orte, die besonders „picknickgeeignet“ sind:

★116 *[D4]* ***Vanier Park:*** *Mit seinen großen, sonnenüberfluteten Rasenflächen und den Aussichten auf die Innenstadt und die English Bay ein idealer Ort, um in aller Ruhe zu picknicken. Seinen Sonnenhut sollte man jedoch festhalten: Über dem Park weht meist eine Brise.*
Anfahrt: Buslinien 2 und 22

★117 *[F4]* ***George Wainborn Park:*** *Bitte Platz nehmen in den knallgelben Designerstühlen des George Wainborn Parks, Sandwich auspacken und die Aussicht auf die Boote auf dem False Creek und die futuritischen Hochhäuser Yaletowns genießen.*
Anfahrt: Buslinien 4, 7, 10, 16, 17

★118 *[bi]* ***Jericho Beach:*** *Am Wochenende scheint ganz Vancouver mit Picknickkörben, Kühlboxen, Frisbees und Sonnenschirmen anzurücken. Kein Wunder bei der Kombination aus langen Sandstränden mit Blick auf die schneebedeckten Küstenberge und die Skyline der Innenstadt.*
Anfahrt: Buslinie 4

7 *[E5]* ***Granville Island:*** *Mit seinem Riesenangebot an Bäckereien, Delis, Cafés und Take-aways, dem Public Market mit Gemüse- und Obstständen, den überall zur Verfügung stehenden Bänken mit Aussicht sowie den die Besucher unterhaltenden Straßenkünstlern ist das ehemalige Industriegebiet ein Picknickparadies. Einzige Störenfriede sind die stets auf Beute lauernden Riesenmöwen.*
Anfahrt: Buslinie 50, Aquabus und False Creek Ferries

und die Fußgänger, Inlineskater und Jogger weniger.

Third Beach (s. S. 37), ein schöner Sandstrand, ist ideal, um in aller Ruhe den Sonnenuntergang zu genießen. Vom Rasenplatz des kurz darauf folgenden **Ferguson Point** bieten sich wieder herrliche Aussichten auf den Pazifik. Wer in diesem stilvollen Ambiente ähnlich stilvoll speisen möchte, ist in dem hier ansässigen Sequoia Grill Restaurant (s. S. 26) an der richtigen Adresse.

Wesentlich umtriebiger geht es da schon an dem von Imbissbuden, Tennisplätzen und einem sehr beliebten Kinderspielplatz flankierten **Second Beach** (s. S. 37) zu. Hauptattraktion ist hier jedoch der Freiluftpool, welcher äußerst spektakulär direkt am Pazifik gelegen ist. Auch der Second Beach bietet mit dem Fish House im Stanley Park (s. S. 24) die Möglichkeit, feine Aussichten mit *fine dining* zu verbinden.

18 ENGLISH BAY BEACH ★★★ [D2]

Kaum ein anderer Ort der Stadt vermittelt die für Vancouver so charakteristische, das Lebensgefühl und die Lebensqualität beschreibende Symbiose von Stahl, Beton, Sandstrand und Meer auf so anschauliche Weise wie der am südlichen Ende des West End 20 gelegene English Bay Beach.

Vor dem Hintergrund der sich unmittelbar anschließenden Wolkenkratzer des West End und den die Uferstraße flankierenden Palmen sonnen sich die Vancouverites am breiten Sandstrand mit Aussicht auf den sich vor ihnen ausbreitenden Pazifik. Die kanadische Version von „California Dreaming" zieht im Sommer jeden Tag Tausende von Einheimischen zur English Bay. Die für Vancouver so typische Mischung aus Menschen aller Nationen tut und lässt, was Menschen überall auf der Welt lieben: picknicken, sonnenbaden, joggen, windsurfen, Beachvolleyball spielen, schwimmen, flirten oder einfach nur die Seele baumeln lassen und dem ebenso bunten wie fröhlichen Treiben zuschauen. Spätestens beim Betrachten der traumhaft schönen Sonnenuntergänge kann man sich des Gefühls nicht erwehren, an einem der tollsten Orte der Erde zu wohnen.

› **Anfahrt:** Buslinie 4, aber am besten zu Fuß

031vc Abb.: tb

▶ *English Bay: Die kanadische Version von „California Dreaming" zieht im Sommer jeden Tag Tausende von Einheimischen an*

VANCOUVERS NEIGHBOURHOODS

Als eine der wenigen Städte weltweit, die über keine Hauptethnie verfügt, kann man in Vancouver zahlreiche Viertel erkunden, die durch ihre ethnische und kulturelle Eigenständigkeit ein jeweils ganz spezielles Lebensgefühl aufweisen. Wie jede Weltstadt so lebt auch Vancouver von diesen Neighbourhoods. Neben der ethnischen Prägung gibt es aber auch Viertel, die durch eine bestimmte Lebensphilosophie, Altersgruppe oder Einkommensstruktur ihrer Bewohner charakterisiert sind. Die Grenzen können und sind häufig fließend. Bei der nachfolgenden Vorstellung einzelner Neighbourhoods handelt es sich nur um eine Auswahl.

19 CHINATOWN ★★ [J3]

Chinesische Sprache und Schriftzeichen, Gerüche von Dampfnudeln und *dumplings* (Teigtaschen), Drachentänze zum chinesischen Neujahrsfest und selbst ein klassischer chinesischer Garten fehlt nicht – Vancouvers Chinatown hat alles, was man von einem nordamerikanischen Chinesenviertel erwartet. Allerdings erstreckt es sich heute nur noch entlang eines relativ kleinen Gebiets zwischen Pender, Keefer und Main Street. Zwar hat Vancouver in den 1980er- und 1990er-Jahren vor der Übergabe Hongkongs an China einen einzigartigen Zustrom chinesischstämmiger Einwanderer erlebt, doch die allermeisten der inzwischen über 100.000 Chinesen leben im Stadtteil **Richmond** in der Nähe des

internationalen Flughafens. Mit seinen modernen Wolkenkratzern, Einkaufszentren und der sterilen Sauberkeit unterscheidet er sich kaum von anderen, „weißen" Vororten Vancouvers.

Chinatown ist heute der letzte Zeuge einer Zeit, als die Chinesen noch eine vom Rest der Bevölkerung fast gänzlich abgetrennte (und sozial benachteiligte) Ethnie waren.

Offizielles Eingangstor zum Chinesenviertel ist das erst im Jahr 2000 errichtete **Millennium Gate.** Das Design des die Pender Street auf der Höhe der Shanghai Alley überspannenden Tores wurde von einem kanadisch-chinesischen Architekten nach alten chinesischen Plänen entworfen. Warum das nur wenige Schritte entfernt an der südwestlichen Ecke der Pender und Carrall Street stehende **Sam Kee Building** zu den bekanntesten Gebäuden der Stadt zählt, ist auf den ersten Blick kaum ersichtlich. Geht man jedoch ein paar Schritte östlich entlang der East Pender Street und schaut sich das Gebäude im Querschnitt an, erkennt man, dass es extrem schmal gebaut wurde. Tatsächlich ist es laut dem Guinness Buch der Rekorde mit einer Breite von 1,8 Meter das schmalste gewerblich genutzte Gebäude der Erde. Hintergrund ist eine schildbürgerähnliche Auseinandersetzung zwischen der Stadt und dem Grundbesitzer Chang Toy, einem der reichsten Geschäftsleute Chinatowns. Dieser hatte 1906 ein beträchtliches Stück Land entlang der Pender Street erstanden. Nachdem davon im Zuge einer durch die Stadtverwaltung vorgenommenen Straßenerweiterung weniger als zwei Meter übrig geblieben waren, wandte er sich an ein Architekturbüro, um den verbleibenden schmalen Streifen kommerziell nutzbar zu machen. Das Ergebnis ist das seither mehrfach renovierte Sam Kee Building, das heute eine Versicherungsgesellschaft beherbergt. Unterhalb des Bürgersteiges ließ der findige Geschäftsmann übrigens ein von Glasbausteinen im Gehweg beleuchtetes öffentliches Bad errichten – so schlug er der Stadt quasi ein „unterirdisches Schnippchen".

Am „chinesischsten" ist Vancouvers Chinatown da, wo es am künstlichsten ist – in dem nach dem kantonesischen Revolutionär und ersten Präsidenten der chinesischen Republik benannten **Dr.-Sun-Yat-Sen-Garten**, in den man über die Carrall Street gelangt. Sun Yat-Sen besuchte Vancouver zwischen 1897 und 1911 gleich dreimal, um Geld für die chinesische Revolution zu sammeln. Die den klassischen Gartenanlagen Suzhous im Südosten Chinas nachempfundene Anlage ist die erste ihrer Art außerhalb Chinas. 52 chinesische Künstler benötigten über ein Jahr, um die 1986 eingeweihte Gartenanlage fertigzustellen. Sämtliche Materialien wurden aus China importiert. Beim Spaziergang entlang der mit Kieselsteinen ausgelegten Wege, vorbei an künstlichen Seen, geschwungenen Pavillons, pittoresken Brücken und asiatischen Pflanzen und Bäumen stellt sich eine wohltuende Ruhe ein. „Garten der Behaglichkeit und Ruhe" heißt es denn auch zutreffend in chinesischen Schriftzeichen über dem Eingangstor. Einen spannenden

► *Dr.-Sun-Yat-Sen-Garten: eine Oase der Ruhe im Herzen Chinatowns*

032vc Abb.: tb

Kontrast zur weltentrückten Stimmung (und interessantes Fotomotiv) bilden die im Hintergrund aufragenden modernen Hochhäuser entlang des False Creek.

Weniger stimmungsvoll, dafür informativ, ist das links vom Eingang gelegene **Chinese Cultural Centre Museum & Archives** (s. S. 33). Es beherbergt eine Ausstellung zur Geschichte der Chinesen in Kanada und speziell im Großraum Vancouver.

Zurück auf der Pender Street findet sich auf der gegenüberliegenden Straßenseite ein **Gebäudekomplex**, welcher im Laufe der Jahrzehnte mehrere Erweiterungen erlebte. Bauherr war mit dem **Unternehmer Yip Sang**, einer der einflussreichsten und reichsten Mitglieder der chinesischen Gemeinde. Er besaß nicht nur 16 weitere Häuser, sondern gründete auch die Chinese Benevolent Association (Wohltätigkeitsverein der chinesischen Gemeinde), das erste chinesische Krankenhaus und die erste chinesische Schule, zudem war er Präsident des allgemeinen Krankenhauses von Vancouver – kein Wunder, dass diesem Tausendsassa entsprechend seinen gestiegenen Ansprüchen sein ursprünglich 1889 erbautes Haus bald zu klein ausfiel. Nach der ersten Erweiterung im Jahr 1901 folgten mehrere weitere, die nicht nur seinen immer größere Ausmaße annehmenden Geschäften Platz boten, sondern auch Unterkunft für seine inzwischen 4 Frauen und 23 Kinder bieten mussten. So durfte er schließlich den gesamten Häuserblock von der Nr. 51 bis 66 sein Eigen nennen. Die diversen Gebäude waren mit einer Brücke im dritten Stock verbunden.

Nach Überqueren der Columbia Street findet sich auf der rechten Seite (108 East Pender) der **Wohltätigkeitsverein der chinesischen Gemeinde.** Auffälligstes Stilelement des

HONGCOUVER – AMERIKAS TOR ZUM PAZIFIK

Der erste Eindruck nach Ankunft am Flughafen in Vancouver lässt manchen Reisenden aus Europa zweifeln, ob er vielleicht aus Versehen die falsche Maschine bestiegen hat und anstatt in Vancouver in Hongkong gelandet ist. Während er in einer langen Schlange vor der Passkontrolle wartet, sieht er sich umgeben von chinesisch sprechenden Asiaten. Hat er dann Pass- und Zollkontrolle hinter sich gelassen, erwartet ihn im Ankunftsbereich eine scheinbar noch größere Ansammlung von Asiaten, die sehnsüchtig auf ihre Angehörigen warten. Auch bei der Fahrt in die Stadt erinnert der erste Eindruck der in den Himmel ragenden Wolkenkratzer an die Metropole am Südzipfel Chinas. Und beim abendlichen Bummel über die Robson Street, die lebendigste Einkaufsstraße Vancouvers im Zentrum der Innenstadt, fühlt er sich mitunter in die Nathan Road in Hongkong, die dortige Hauptkonsummeile, versetzt. Willkommen in „Hongcouver“ - wie Vancouver seit Mitte der 1990er-Jahre süffisant ob seiner asiatischen Einwanderer genannt wird.

Vancouvers Flughafen hat sich zum Drehkreuz des transpazifischen Luftverkehrs entwickelt. Mittlerweile landen hier mehr Menschen aus Asien als aus dem gesamten Amerika. Unter ihnen befinden sich pro Jahr Zehntausende Einwanderer, die in Vancouver oder Umgebung ansässig werden. Etwa 90 % der Hochhausprojekte in Vancouver werden derzeit mit chinesischem Geld finanziert. Die Hongkong Bank of Canada startete ihre Aktivitäten in Vancouver 1981 mit einem Grundkapital von 150 Millionen kanadische Dollar. Heute macht sie im Jahr fast so viel Gewinn und verfügt über Einlagen von 26 Milliarden.

Während andernorts das Gespenst der Überfremdung umgeht, betreibt das zweitgrößte Land der Welt seit Ende des 19. Jahrhunderts eine aktive Einwanderungspolitik wie kein anderer Staat auf Erden. Da im letzten Jahr nur 225.000 Immigranten registriert wurden, wird eifrig darüber diskutiert, wie die von der Regierung beschlossene Quote von jährlich einem Prozent Neubürgern (was einer Zahl von 300.000 Menschen entspricht) erreicht werden kann. Das Mit- und Nebeneinander verschiedener Nationen und Ethnien ist in allen kanadischen Großstädten eine Selbstverständlichkeit, doch keine andere ist auch nur annähernd so stark asiatisch geprägt wie Vancouver.

Dies ist umso erstaunlicher, wenn man bedenkt, dass Vancouver bis Anfang der 1980er-Jahre eher eine verschlafene Provinzmetropole war, in der die Nachkommen der eurpäischen Einwanderer aus Großbritannien das Sagen hatten. Den Wendepunkt brachten das Hongkong-Abkommen zwischen Großbritannien und der Volksrepublik China aus dem Jahr 1984 über die Rückgabe der Kronkolonie an China im Jahr 1997 und die Weltausstellung im Jahr 1986. Der weltweite Erfolg der Expo mit über 22 Mio. Besuchern aus aller Welt zusammen mit dem globalen Medieninteresse und die Angst der zutiefst kapitalistischen Hongkong-Chinesen vor den kommunistischen Machthabern aus Peking setzten das Signal zum Aufbruch. Als dann auch noch der Milliardär Li Kashing, Gründer eines der größten Unternehmen Hongkongs, 1988 das leer-

geräumte Expogelände von der Stadt erwarb, begannen seine Landsleute, die die Lebensqualität und attraktive Lage der Stadt anzogen, ihre Vermögen vermehrt im Großraum Vancouver anzulegen. Die Entwicklung beschleunigte sich dramatisch, als viele Bewohner Hongkongs nach dem Massaker auf dem Pekinger Platz des Himmlischen Friedens 1989 das Vertrauen in die chinesische Regierung gänzlich verloren. Kanada wurde zur neuen Heimat vieler aus Hongkong abwandernder Chinesen.

Über 40 % aller Antragsteller kommen als „Unabhängige". Per Unterschrift verpflichten sie sich, mindestens 350.000 kanadische Dollar zu investieren, üblicherweise in Staatsanleihen. Für die meisten dieser „Luxusflüchtlinge", die bereits zuvor in ihrer Heimat erfolgreiche Unternehmer waren, ist das ein leicht zu verkraftendes Eintrittsgeld in ein Land, welches ihnen persönliche und finanzielle Freiheit sichert. Sie investierten erhebliche Summen in Immobilien, Hotels, elektronisches Gewerbe, den Textilmarkt sowie Medien und Werbefirmen.

Dieser anhaltende Kapitalzufluss hat der Provinz ein kräftiges Wachstum auch in Zeiten beschert, als der Rest des Landes unter schwerer Rezession litt. Die Provinz British Columbia gilt heute als die erfolgreichste Region in ganz Nordamerika.

In den letzten zehn Jahren sind gänzlich neue Stadtteile entstanden, Wohntürme aus Stahl und Glas mit viel Platz und Licht und oft grandiosem Blick auf Stadt und Hafen prägen die Innenstadt. Die meisten Apartments waren schon vor dem ersten Spatenstich an Hongkong-Chinesen verkauft. Gebaut werden sie von Li Ka-shings chinesisch-kanadischer Firma Concord Pacific Developments, deren Chef Terrence Hui, 33, vom „Vancouver Magazine" zum „mächtigsten Mann der Stadt" gekürt wurde.

Die Einwanderer haben keine neue Unterklasse geschaffen, sondern eine neue „Überklasse". Sie sind gut ausgebildet, sprechen Englisch und sind wohlhabend. Villen in bester Wohnlage und die angesehensten Schulen für ihre Kinder sind Teil ihres Selbstverständnisses.

Die Immobilienpreise sind als Folge in den letzten 10 Jahren derart gestiegen, dass sich viele Familien kein eigenes Haus mehr leisten können. Doch der Villen-Kaufrausch der Chinesen hat kaum Unruhe oder gar Feindseligkeiten ausgelöst. In einer Stadt, in der über die Hälfte der Bewohner außerhalb des Landes geboren wurde und dementsprechend die meisten selbst „Fremde" sind, herrscht naturgemäß ein großes Maß an Toleranz. Wer mit weißen Vancouverites spricht, vom Hippie bis zum Yuppie, hört selten ein böses Wort gegen die Einwanderer. Allenfalls mokiert man sich über deren aggressiven Fahrstil oder das protzige Auftreten von Kindern reicher Familien, die in superteuren Sportwagen zur Schule oder Universität fahren. Wenn überhaupt, ärgern sich die Westkanadier eher über die frankophonen Landsleute in der Provinz Quebec, deren Unabhängigkeitsbewegung dem Rest des Landes ein Dorn im Auge ist. Noch schärfer aber wird die Kluft zu den USA. Die nur wenige Kilometer südlich von Vancouver angrenzende Supermacht scheint vielen Vancouverites fremder als die aus Asien eingewanderten Hongkong-Chinesen, die der Stadt in den letzten Jahrzehnten Wohlstand und Weltoffenheit verliehen haben.

1909 eingeweihten Gebäudes sind die vier jedem Stockwerk vorgesetzten Balkone. Im tropischen Klima der Ursprungsregionen dieses Baustils in Hongkong, Macao und Südchina hatten sie verschiedene Funktionen: Sie dienten zum Trocknen der Wäsche, als Schlafplatz während der heißen Sommermonate, waren Schatten spendend und sorgten gleichzeitig für Durchzug. In den gänzlich anderen klimatischen Bedingungen der neuen Heimat boten sie sich als ideale Aussichtspunkte für Paraden und zum „people watching" an.

Die durch gusseiserne Pfeiler verstärkte Fassade des **Lee Building** (Pender 129–131) ist alles, was von dem 1909 erbauten Gebäude übrig geblieben ist. Das dahinter gelegene Wohnhaus wurde neu errichtet, nachdem ein Feuer 1972 große Teile des Gebäudes zerstört hatte.

Die die südwestliche Seite der Kreuzung Pender und Main Street dominierende **Canadian Bank of Commerce** aus dem Jahr 1915 sieht aus, als sei sie von Shanghais Finanz- und Flaniermeile, dem Bund, hierher geliftet worden. Das monumentale Gebäude scheint auf den ersten Blick aus dem Rahmen zu fallen, reiht sich aber nahtlos ein in die nur einen Straßenblock weiter nördlich gelegenen Bauten wie die Carnegie Hall und die Royal Bank.

Der Bereich zwischen Main und Gore entlang Pender Street ist geprägt von den „sights and sounds of China". Augen und Nasen werden vereinnahmt von den Gerüchen und Eindrücken des in den Geschäften und auch auf den Bürgersteigen ausgelegten Gemüse und Fisch, der gebratenen Enten und diversen anderen Innereien sowie dem Geruch von Räucherstäbchen und den Klängen von klassischer chinesischer Musik. Man sollte sich Zeit nehmen und in die asiatische Welt mit allen Sinnen eintauchen. Kulinarische Leckereien bieten die Restaurants entlang des Weges. Ein architektonischer Leckerbissen wartet am südwestlichen Ende der Pender Street und Gore Street. Das **Hauptquartier** der von Dr. Sun Yat-Sen gegründeten **Chinesischen Nationalpartei** (**Kuomintang**) gehört zu den beeindruckendsten chinesischen Häusern Vancouvers. Der viergeschossige Bau mit seinem markanten achteckigen Turm wurde 1920 eingeweiht.

› **Anfahrt:** Skytrain Stationen: Stadium, Main St.-Science World, Buslinien: 3, 8 und 19

20 WEST END ★★ [E1]

Seine äußerst attraktive Lage zwischen Stanley Park im Westen, Burrad Street im Osten, English Bay im Süden und Coal Harbour im Norden macht das West End zu einer der **attraktivsten Wohnlagen Vancouvers.** Kein Wunder, dass es heute zu den dichtbewohntesten Vierteln der Stadt zählt. Ruhige Wohngegenden mit zum Teil noch erhaltenen Villen aus dem 19. Jahrhundert, lebendige Einkaufsstraßen, ausgezeichnete Restaurants, die größte Gaygemeinde Westkanadas und herrliche Stadtstrände machen das West End zu einem der interessantesten und lebendigsten Viertel der Stadt.

Obwohl es zu den ältesten Wohnvierteln Vancouvers gehört, bestimmen heute moderne Apartmenthäuser das Straßenbild. Dennoch ist das West End die beste Gegend im Innenstadtbereich, um noch jene attraktiven **viktorianischen Holzbungalows** zu erleben, die einen Großteil der Stadt bis Mitte der 1950er-Jahre prägten. Die meisten stammen aus der Zeit um 1900, als das Viertel als eines der begehrtesten Wohngebiete der damals noch jungen Stadt galt. Ab dem Jahr 1909 zogen viele Mitglieder der Oberschicht in das neu erschlossene Viertel Shaughnessy Heights – boten sich hier doch wesentlich größere Grundstücke für ihre herrschaftlichen Villen als im dicht bebauten West End. Mit dem Auszug der ursprünglichen Besitzer wurden viele Villen in Mietshäuser, Privatschulen und Sanitätshäuser umgewandelt. Mit der Aufhebung der ursprünglichen Höhenbegrenzung von Neubauten begann Anfang der 1960er-Jahre ein bis dahin unbekannter Bauboom. Beton war das Mantra der vom Optimismus der 1960er-Jahre geprägten Wolkenkratzer. Innerhalb der nächsten 20 Jahre entstanden in dem relativ kleinen Gebiet die ersten **modernen Hochhäuser**, welche die Skyline der Stadt für immer verändern sollten. Das West End war der Vorreiter jenes städtebaulichen Modernisierungsschubes aus Beton, welcher 30 Jahre später Yaletown und Coal Harbour erfasste – diesmal aus Stahl und Glas mit Geld aus Übersee finanziert.

Einer Bürgerinitiative, die sich gegen die Zubetonierung ihres Viertels organisierte, ist es zu verdanken, dass das West End heute inmitten des Hochhausdschungels eine Reihe mustergültig restaurierter viktorianischer Villen vorweisen kann.

Südlich des Nelson Parks findet sich mit dem sogenannten **Mole Hill** eines der größten je von der Stadt Vancouver unternommenen Restaurierungsprojekte. Das nach Henry Mole, dem ersten Bewohner dieses höchsten Punktes der Innenstadt, benannte Viertel erstreckt sich zwischen Comox, Thurlow, Pendrell und Bute Street. Diese Oase der Ruhe im Zentrum der Millionenstadt beherbergt die größte Ansammlung von historischen Bauten aus einer Stilepoche in Vancouver. Jede einzelne der bis ins kleinste Detail restaurierten Villen ist ein Musterbeispiel für den die allermeisten Häuser der Zeit um 1900 prägenden viktorianischen Stil. Beim Gang entlang der von hübschen

033vc Abb.: tb

▲ *Mustergültig restaurierte Villa am Mole Hill im West End*

Gärten, kleinen, künstlich angelegten Bächen und Teichen sowie ostasiatisch beeinflussten Toren umgebenen Häusern fühlt man sich ins Vancouver dieser Jahrhundertwende zurückversetzt.

Ein schönes Beispiel ist das charmante, 1903 erbaute Cottage-Haus an der 1150 Comox Street. Der **Architekt John P. Matheson** war einer der gefragtesten Baumeister jener Tage und zeichnet verantwortlich für eine Reihe weiterer Häuser im West End. Zu den bekanntesten zählt das Tudor Manor an der Beach Avenue, der Uferstraße, die parallel zum English Bay Beach verläuft. Nachdem er sich mit seinen Privathäusern einen Namen gemacht hatte, wurden ihm Aufträge für städtische Einrichtungen übertragen. Erwähnenswert sind hier das vom Art-déco-Stil beeinflusste

034vc Abb.: tb

Rathaus an der Ecke 12th und Cambie Street sowie das Vancouver General Hospital. Nur wenige Meter weiter findet sich mit der Nummer 1150 das älteste Haus auf dem Mole Hill. Erbaut 1888 ist es eines der wenigen noch erhaltenen vor 1890 entstandenen Häuser. Am Ende des Häuserblocks findet sich mit der **Stratmore Lodge** (1086 Bute) eines jener ab 1910 immer beliebter werdenden Apartmenthäuser. Aus dem Rahmen fällt das mit Zinnen versehene Dach. Es ist das Resultat einer 1927 notwendig gewordenen Renovierung, nachdem ein Feuer, bei dem neun Bewohner den Tod fanden, Teile des Hauses zerstört hatten. Ein weiteres Beispiel jener Mietwohnungen ist das 1913 aus rotem Backstein errichtete **Berkely Apartment** (Bute 990). Interessant ist der Unterschied zu den auf der gegenüberliegenden Straßenseite befindlichen Bungalows aus der Zeit Ende des 19. Jahrhunderts.

Biegt man von der Bute Street nach links in die Nelson Street, zeigen sich einem wie in einem Architekturlehrbuch zwei gänzlich unterschiedliche Architekturstile. Während die südliche Seite (Nelson 1230 und 1260) von Betonhochhäusern aus den 1970er-Jahren beherrscht wird, finden sich auf der anderen Straßenseite einige restaurierte Villen aus der ersten Hälfte des 20. Jahrhunderts. Ein besonders schönes Beispiel des sogenannten Präriestils ist das **Patrizierhaus** an der Ecke Nelson und Broughton (Nr. 993). In dem 1906 erbauten Schmuckstück lebte der Pastor der nur einen Straßenblock entfernten St. John United Church. Inmitten einer derart eng mit Holzhäusern bebauten Wohngegend durfte eine Feuerwache nicht fehlen. Die **Fire Hall No. 6** an der südwestlichen Ecke von Nelson und Nicola Street aus dem Jahr 1907 war die erste Feuerwache, die ausschließlich für motorisierte Rettungswagen erbaut wurde. Am Ende des nächsten Häuserblocks entlang der Nicola Street findet sich mit dem **Barclay Grocery** ein alteingesessener kleiner Supermarkt. Das signifikante Neonschild stammt aus den 1950er-Jahren.

Schräg gegenüber findet sich mit dem **Barclay Heritage Square** das neben dem Mole Hill schönste Beispiel restaurierter Villen aus der Jahrhundertwende. Ursprünglich sollte auch dieser Bereich Neubauten weichen. Nach jahrelangem Intervenieren von Bürgerinitiativen wurden diese Pläne jedoch fallen gelassen und die Häuser im nordöstlichen Bereich in Wohnraum für einkommensschwache Familien umgewandelt. Drei der schönsten Villen entlang der Barclay Street wurden aufwendig restauriert und zwei davon karitativen Einrichtungen zur Verfügung gestellt. Das Mitte 1890 erbaute **Weeks House**, ursprünglich Residenz von George Week, Manager der Hudson Bay Company, wurde in ein Hospiz für Aidskranke umgewandelt. Das daneben gelegene **Barclay Manor** hat im Laufe seiner 120-jährigen Geschichte mehrere Metamorphosen durchlaufen. 1890 vom Chefbuchhalter der Hudson Bay Company erbaut, diente es später unter anderem als privates Sanatorium und Mietshaus. Heute ist es ein Seniorenheim.

Der Entwurf für das 1896 errichtete **Roedde House** stammt aus der Feder von Francis Rattenbury, dem Stararchitekten jener Zeit. Die Residenz seines Freundes Gustav Roedde, dem ersten Buchbinder Vancouvers, ist das einzige Privathaus, das Rattenbury in Vancouver entworfen hat. Markantestes Merkmal des im Queen-Anne-Stil errichteten Anwesens ist der achteckige, dreigeschossige Rundturm über dem Haupteingang. Rattenbury ließ ihn auf speziellen Wunsch der Hausherrin errichten, die von hier den Ausblick auf den Ozean genoss. Die Roeddes residierten hier 32 Jahre lang, bis ihre einzige Tochter (eine Krankenschwester) von einem geistesgestörten Patienten getötet wurde. Nachdem sie es 1925 für C$ 6000 verkauft hatten, diente das Gebäude unter anderem für mehrere Jahre als Mietshaus. Nach jahrelangen Restaurierungsumbauten wurde es im Jahr 2000 als Vancouvers einziges Hausmuseum wiedereröffnet. Beim Rundgang durch die einzelnen Räume bieten sich dem Besucher interessante Einblicke in die Lebensverhältnisse einer Mittelklassefamilie zu Beginn des 20. Jahrhunderts.

Ein ideales Kontrastprogramm zum historisch geprägten ruhigen Wohnbezirk des West End sind die von Geschäftigkeit geprägten **Hauptstraßen Robson Street** ❶ **und Denman Street**. Hier pulsiert das Leben, reihen sich Geschäfte, Restaurants und Cafés aneinander.

Als Heimat der größten Gaygemeinde Westkanadas gilt das West End als einer der vielseitigsten und tolerantesten Bezirke der Stadt.

› **Anfahrt:** Buslinen 5 und 6, am besten zu Fuß erreichbar

◄ *Drei verschiedene Epochen widerspiegelnde Gebäude an der Jervis Street*

21 COAL HARBOUR ★★ [F1]

In der Zeit, in der sie diesen Text lesen, wird Coal Harbour sein Aussehen wohl schon wieder verändert haben. Kein anderes Viertel Vancouvers hat in den letzten Jahren eine derart rasante Entwicklung erlebt. Futuristische Hochhäuser zwischen öffentlichen Parkanlagen, Jachthäfen mit Multimillionen Dollar teuren Jachten (dank eines der höchsten Durchschnittseinkommen der Innenstadt), schicke Restaurants und Galerien, dazu imposante Ausblicke auf die einfliegenden Wasserflugzeuge mit dem Stanley Park und den Küstenbergen als Hintergrundkulisse – das zwischen West Georgia, Thurlow Street und Lost Lagoon am Burrad Inlet gelegene Coal Harbour ist der Inbegriff des Lebens der Schönen und Reichen im Stadtzentrum Vancouvers. Eine wahrlich beeindruckende Metamorphose wenn man bedenkt, dass das Viertel die meiste Zeit von dunkler Kohle und einem Sägewerk gekennzeichnet war. Erst mit dem Immobilienboom Mitte der 1980er-Jahre entstand hier ähnlich wie in Yaletown ein futuristisches Stadtviertel. Besonders beeindruckend wirkt die Skyline von der Promenade des neuerrichteten Convention Centre West. Sehr fotogen ist der Spaziergang von hier entlang des Seawall von Coal Harbour bis zur Lost Lagoon und weiter zum Stanley Park 14.

› **Anfahrt:** Busline 5, am besten zu Fuß erreichbar

▶ *Uferpromenade in Yaletown*

22 YALETOWN ★★★ [G4]

Vom Arbeiterviertel des 19. Jh. zum Yuppieviertel des 21. Jh. – so könnte man die kurze, aber umso beeindruckendere Geschichte dieses von False Creek, Robson und Homer Street begrenzten Viertels kurz zusammenfassen.

Heute ein wegen seiner mustergültigen Stadtplanung weltweite Anerkennung findendes Stadtviertel, gehen auch die Anfänge Yaletowns auf den Bau der transkontinentalen Eisenbahn zurück. In den Achtzigerjahren des 19. Jh. hatte der Schienenbau die ca. 240 Kilometer westlich von Vancouver gelegene Stadt Yale erreicht. Der zur damaligen Zeit recht große Ort diente als Reparaturwerkstätte der Canadian Pacific Railway und beherbergte eine große Zahl an Eisenbahnern. Mit der Erweiterung der Eisenbahnlinie bis nach Vancouver zog quasi die gesamte Einwohnerschaft mit und siedelte in einem bescheidenen Viertel, welches bald unter dem Namen Yaletown bekannt wurde. Im Laufe der Jahre wurde das Gebiet aufgrund seiner Nähe zum False Creek und der Eisenbahnlinie stark industrialisiert. Fabriken, Eisenbahngebäude und Warenhäuser wurden errichtet, von denen einige bis heute erhalten sind. Zu einer Zeit, als Umweltschutz in Nordamerika noch ein Fremdwort war, versiegten Tausende Tonnen von Schadstoffen in dem schließlich von der Stadt gekauften Industriegebiet. Nachdem es lange Jahre als verseuchtes Areal ungenutzt geblieben war, verwandelte der nach der Expo 1968 einsetzende, vornehmlich von Hongkong-Chinesen finanzierte Immobilienboom die ehemalige Arbeitersiedlung in eine Musterstadt des 21. Jh.

Neben der zentrumsnahen Lage, der trendigen Geschäfte und hervorra-

genden Restaurants und Cafés machen Yaletown die ansonsten in Nordamerika kaum bekannten fußgängerberuhigten Zonen auch bei ausländischen Touristen sehr beliebt.

Interessanterweise sind es mit den beiden parallel verlaufenden **Hamilton und Mainland Street** zwei alte Straßenzüge, die zu den beliebtesten Amüsiermeilen des Viertels zählen. Beide sind flankiert von restaurierten alten Warenhäusern aus Backstein, welche auf den alten Eisenbahnlinien erbaut wurden. Heute haben sich hier trendy Boutiquen, Restaurants und Hightechfirmen eingemietet. Das an der Ecke Davie Street und Pacific Boulevard gelegene **Roundhouse,** ein alter Verschiebebahnhof, wurde in ein Gemeinschaftszentrum umgewandelt, dem auch ein kleines Amphitheater angeschlossen ist. Nicht nur für Eisenbahnfans von Interesse dürfte die gleich daneben in einem Glasgebäude ausgestellte originale Eisenbahn sein, die im Jahr 1887 den ersten Passagierzug nach Vancouver zog.

Von hier sind es nur wenige Meter bis zur **Uferpromenade** (Seawall 13). Hier zeigt sich das von Städteplanern weltweit gelobte Konzept des in den letzten 20 Jahren neu errichteten Yaletown von seiner schönsten Seite. Beim Spaziergang entlang der Uferpromenade bieten sich immer wieder schöne Ausblicke auf die futuristische Skyline, durchsetzt mit weiträumigen Parkanlagen, Jachthäfen und Kinderspielplätzen. Mit den niedlichen kleinen Booten der **False Creek Ferries** gelangt man innerhalb weniger Minuten zur Science World 6 oder nach Granville Island 7.

› **Anfahrt:** Buslinen 5 und 6, am besten jedoch zu Fuß erreichbar

23 COMMERCIAL DRIVE ★ [di]

Müsli, Rastalocken, Regenbogenkultur und Volkswagen statt Lachs, Designermode und Porsche – Commercial Drive ist Vancouvers Gegenstück zur Downtown, hier schlägt das alternative Herz der Westküstenmetropole. Das ursprüngliche Viertel der italienischen und portugiesischen Einwanderer ist eine Art Anti-Robson-Neighbourhood, ein ethnisches und kulturelles Potpourri aus südeuropäischen, karibischen und südostasiatischen

Einwanderern sowie Künstlern, Studenten und Lesben. In letzter Zeit mischen sich unter das ebenso bunte wie lebensfrohe Volk auch einige abtrünnige Yuppies, die die im Vergleich zur Innenstadt deutlich geringeren Immobilienpreise anlocken. Hintergrund ist die Annahme, dass „The Drive" in den nächsten Jahren eine ähnliche Entwicklung wie Yaletown erleben wird. Bis dahin ist es jedoch noch ein langer Weg und in der Zwischenzeit ist der Commercial Drive speziell im Bereich zwischen Broadway und Venables Street eine der besten Gegenden, um das untouristische Leben Vancouvers an sich vorbeiziehen zu lassen. Da trifft es sich gut, dass viele der hervorragenden Cafés entlang der Straße mit Terrassen ausgestattet sind, die sich ideal zum „people watching" eignen. Zwischendurch sollte man einige der für ihre ausgefallene Ware bekannten Geschäfte entlang des Drive besuchen.

› **Anfahrt:** Skytrain Stationen: Commercial Drive, Broadway, Buslinie 20

24 KITSILANO ★★ [bi]

Baumbestandene Straßen mit alten viktorianischen Villen, lange, breite Sandstrände wie Kitsilano und Jericho Beach (s. S. 79) mit Blick auf Downtown, schön gestaltete Parks wie Vanier, interessante Museen wie das H.R. MacMillan Space Centre (s. S. 33) und das Maritime Museum (s. S. 34) sowie eine kaum zu überschauende Anzahl von ausgezeichneten Restaurants und Geschäften, das alles in unmittelbarer Nähe zur Innenstadt – wer würde da nicht wohnen wollen? Kein Wunder, dass Kitsilano schon seit Beginn des 20. Jahrhunderts zu den beliebtesten Wohnvierteln Vancouvers zählt.

In den 1960er-Jahren Herz der Alternativkultur hat sich „Kits" – wie es von den Einheimischen kurz genannt wird – seine Seele in Form von Yogastudios, Müslishops und Festivals bewahrt. Die Hippies von damals sind heute gut verdienende Werbedesigner, Journalisten und Softwareingenieure, fahren Honda Hybrid mit Free-Tibet-Aufkleber, haben Kinder und wohnen in schick renovierten Villen, deren Wert sich in den letzten 20 Jahren vervielfacht hat. Mit ein Grund, warum das Viertel trotz aller Veränderungen seine Seele bewahren konnte, ist, dass der die Innenstadt dra matisch verändernde Hochhausboom weitgehend an ihm vorbeigegangen ist. An den parallel in Ost-West-Richtung verlaufenden Hauptstraßen 4th Ave. und West Broadway reihen sich Designerläden, Coffeeshops, Restaurants und Kneipen aneinander. Kitsilano ist gerade für Besucher eine Stippvisite wert, die ein authentisches Stück Vancouver ohne Touristenmassen erleben wollen und dabei gleichzeitig die ganze Vielfalt der Millionenstadt genießen möchten.

› **Anfahrt:** Buslinie 2, 4 und 9

036vc Abb.: tb

◄ *Einer der größten Freiluft-Salzwasserpools der Erde am Kitsilano Beach*

ENTDECKUNGEN AUSSERHALB DES ZENTRUMS

25 CAPILANO SUSPENSION BRIDGE ★★ [cg]

Wie die Masse an Touristenbussen auf dem Parkplatz vermuten lässt, gehört diese **weltweit längste Fußgänger-Hängebrücke** zu den Hauptattraktionen Vancouvers. Jung wie Alt bekommt beim Überqueren der 140 m langen über die 80 m tiefe Capilano Schlucht führende Hängebrücke eine Gänsehaut. Eine äußerst sehenswerte Erweiterung erfuhr die jährlich von 800.000 Touristen besuchte Anlage durch den Bau der sogenannten **Treetops Adventure.** Hierbei handelt es sich um sieben miteinander verbundene kleinere Hängebrücken, die zwischen bis zu 300 Jahre alten Douglasien zu verschiedenen Plattformen auf 30 Meter Höhe führen. Wegen seiner gänzlich aus Naturprodukten umgesetzten Bauweise wurde dieses Projekt mit diversen Umweltpreisen ausgezeichnet.

› tägl. 9–18 Uhr, Eintritt C$ 28,95 (Erwachsene), C$ 17,75 (Jugendliche), C$ 9,00 (Kinder), www.capbridge.com
› **Anfahrt:** mit den SeaBus von Waterfront Station zum Lonsdale Quay, weiter mit Buslinie 236

26 CAPILANO SALMON HATCHERY ★ [cg]

Zwei Kilometer nördlich der Capilano Suspension Bridge findet sich mit der Capilano Salmon Hatchery eine sehr interessante, dabei nur von wenigen Touristen besuchte Sehenswürdigkeit. Diese erste von inzwischen 18 entlang der Flüsse British Columbias von der Provinzregierung zum Schutz der einheimischen Lachspopulation eingerichteten **Fischzuchtanstalten** bietet einen hochinteressanten Einblick in das Leben dieser faszinierenden Tiere. Lehrreiche Erklärungstafeln veranschaulichen den Lebenszyklus der Coho- und Chinook-Lachse von ihrem Ursprungsbach über die Jahre im Ozean, bis sie zurück zu ihren Geburtsorten schwimmen, um zu laichen und kurz danach zu sterben. Wie stark ihr Trieb zurück zu den Laichplätzen ist, veranschaulichen die durch Sichtfenster einsehbaren künstlichen Fischtreppen, in denen die Lachse gegen die Stromrichtungen schwimmen. Besonders lohnend ist ein Besuch in den Monaten Juli bis Oktober, wenn Zigtausende von Lachsen die Fischtreppen entlangschwimmen.

› tägl. 8–19 Uhr, Eintritt frei
› **Anfahrt:** mit dem SeaBus von Waterfront Station zum Lonsdale Quay, weiter mit Buslinie 236

27 LYNN CANYON PARK ★ [eg]

Raue Westküstenatmosphäre, gut markierte Wanderwege, ein sehr informatives **Ecology Centre** und eine atemberaubende Hängebrücke – und das alles nur 20 Fahrminuten von der Innenstadt entfernt. Kein Wunder, dass der Lynn Canyon Park bei Einheimischen wie Touristen gleichermaßen beliebt ist. Hauptattraktion ist dabei zweifelsohne die den Lynn Canyon auf einer Höhe von 50 Meter überspannende **Hängebrücke.** Sie ist zwar nicht ganz so hoch und lang wie ihre berühmte Schwester, die Capilano Suspension Bridge 25, doch dafür wird der Weg nicht von Verkaufsbuden eingerahmt und man muss sich den spektakulären Blick nicht mit so vielen Touristen teilen. Dabei kann es nicht schaden, dass man das Naturschauspiel und den Nervenkitzel hier umsonst genießen darf – die smarte Alternative zur Capilano Bridge.

› **Anfahrt:** mit dem SeaBus von Waterfront Station zum Lonsdale Quay, weiter mit Buslinie 229

28 MT. SEYMOUR PROVINCIAL PARK ★ [eg]

Wer eine rustikalere Alternative zum Lynn Canyon Park 27 sucht, ist in dem sich westlich anschließenden Mt. Seymour Provincial Park genau richtig. Der erst 1987 für die Öffentlichkeit zugänglich gemachte Park ist mit seinen 50 Kilometer langen, zum Teil geteerten Wegen und Schotterstraßen bei Wanderern, Inlineskatern und Fahrradfahrern gleichermaßen beliebt. Auf diversen ausgeschilderten Wanderwegen (mit gerade einmal 2 km ist der Goldie Lake Trail der kürzeste) kann man unter anderem eine Fischaufzuchtfarm besuchen oder seine Füße im Rice Lake abkühlen, einem der wenigen Süßwasserseen der Region. Welch ideale Wachstumsbedingungen die ganzjährig milden und niederschlagsreichen Wetterbedingungen der pazifischen Nordwestküste bieten, veranschaulicht ein Blick auf die hohen Bäume des Parks. Viele der Fichten, Douglasien und Rotzedern sind kaum mehr als 80 Jahre alt.

› **Anfahrt:** mit dem Auto Hwy. 1 zum Mt. Seymour Parkway, weiter ostwärts zur Mt. Seymour Rd.

29 GROUSE MOUNTAIN ★★★ [df]

Traumhafte Aussichten auf Vancouver, ein Grizzlybär Sanctuary (Schutzgebiet), Holzfällershows, Wanderungen durch die unberührte wilde Natur der Coastal Mountains Vancouvers – kein Wunder, dass „The mountain“, wie der 1200 m über Nordvancouver thronende Grouse Mountain genannt wird, zu den beliebtesten Ausflugszielen der Einheimischen zählt. Im Winter locken 26 Pisten Skifahrer und Snowboarder gleichermaßen auf den Berg.

037vc Abb.: fl, © Rod Ferris - Fotolia.com

Allein die achtminütige Fahrt mit dem **Skyride** auf den Grouse Mountain ist schon ein Erlebnis für sich. Oben angekommen sollte man zunächst auf der Terrasse des Altitudes Bistro die herrliche Panoramasicht auf Vancouver und Umgebung genießen. Von hier erkennt man die traumhafte Lage der Millionenstadt im Mündungsdelta des Fraser River. Bei schönem Wetter kann man sogar Vancouver Island und die 160 km südlich gelegenen San Juan Islands im Staate Washington sehen. Besonders eindrucksvoll ist das Szenario bei Sonnenuntergang, wenn die Sonne im Pazifik verschwindet und ein Lichtermeer die Millionenstadt erleuchtet.

Wer seine Fitness bereits beim Aufstieg testen möchte, kann sich der Schar der Einheimischen anschließen, die jeden Tag den 2,9 km langen Trek vom Parkplatz der Gondelbahn zur Bergspitze zu Fuß zurücklegen. Während die meisten den schweißtreibenden (unbedingt Wasserflasche mitnehmen) Aufstieg in 1,5 Stunden zurücklegen, liegt der Rekord bei dem jedes Jahr im Juli durchgeführten **Grouse Grind Run** bei 26,19 Min.

› www.grousemountain.com
› **Anfahrt:** mit dem SeaBus von Waterfront Station zum Lonsdale Quay, weiter mit Buslinie 236

30 GREATER VANCOUVER ZOO ★

Auf einer Fläche von 48 ha beherbergt der 50 km östlich von Vancouver im Stadtteil Aldergrove gelegene Zoo über 100 verschiedene Tierarten. Wer will, kann die Tiger, Wölfe, Zebras, Nashörner, Bären, Papageien, Flamingos und Bisons auf dem weitläufigen Gelände mit Leihfahrrädern oder in einer Miniatureisenbahn besichtigen. Besonders beliebt sind die täglich um 13 Uhr stattfindenden Fütterungen der Raubkatzen. Dabei geben die Zoologen interessante Informationen über das Leben der Tiger und Löwen.

› 5048-264th Street, Aldergrove, Tel. 6048566825, www.gvzoo.com, Mai–September 9–19 Uhr, Oktober–April 9–16 Uhr, C$ 20 (Erwachsene), C$ 15 (Kinder 4–15 Jahre), Kinder unter 4 Jahren kostenlos
› **Anfahrt:** mit dem Auto 48 km östlich von Vancouver entlang des Trans Canada Highway bis zur Ausfahrt (Exit) 264th Street – von dort ausgeschildert

◄ *Im Winter ist der Grouse Mountain ein beliebtes Skigebiet*

AUSFLUGSZIELE

31 VICTORIA ★★★

Rote Doppeldeckerbusse, manikürte Gärten, efeuumrankte Hotels, weiße Pferdekutschen, Tea at Five: Victoria, die 1864 von der Hudson Bay Company gegründete Hauptstadt von British Columbia, hatte lange Zeit den Ruf „britisher than England" zu sein. Ein bisschen stimmt das immer noch, doch gleichzeitig ist die 350.000-Einwohner-Metropole an der Südspitze Vancouver Islands in den letzten Jahren aus dem fast ein Jahrhundert anhaltenden Dornröschenschlaf erwacht.

Eine Schönheit ist sie immer noch, aber eben nicht mehr so altbacken, verschlafen und provinziell, wie die vielen neuen Hochhäuser, coolen Shops, alternativen Coffeeshops und ausgezeichneten Restaurants

KARTE I: VICTORIA, ZENTRUM

LEGENDE

119 Tourism Victoria Visitor Info Centre S. 100
120 Royal British Columbia Museum S. 100
121 IMAX-Theater S. 100
122 Maritime Museum S. 100
123 Fairmont Empress Hotel S. 100
124 Rosewood Victoria Inn S. 100
125 Camille's S. 100
126 Re-Bar Modern Food S. 100

belegen. Klein und überschaubar, easy-going und zudem mit doppelt so vielen Sonnentagen gesegnet wie das nur 100 km südwestlich gelegene Vancouver, ist ein Ein- oder (besser) Zweitagesausflug nach Victoria ein ideales Kontrastprogramm zum schnelllebigen Vancouver.

Ausgangspunkt für alle Erkundungen des problemlos zu Fuß zu entdeckenden Innenstadtkerns ist der **Inner Harbour.** Stolz und erhaben wacht dort seit über 100 Jahren das efeuumrankte **Fairmont Empress Hotel** (s. S. 100) über das bunte Geschehen. Der 1897 eröffnete Prachtbau gehört zu den Schmuckstücken der von der Canadian Pacific Railway um die Jahrhundertwende im Stile der französischen Loireschlösser erbauten Nobelherbergen. Selbst wer hier nicht logiert, sollte einmal durch die Lobby mit ihren noblen Geschäften schlendern und einen Blick auf die historischen Aufnahmen an den Wänden werfen. Die Bengal Lounge erinnert mit ihren schweren ledernen Sofas, den Kronleuchtern und dem Curry Lunch und Dinner Buffet an Indien, das Juwel in der Krone der Kolonialreiche des britischen Empire. Selbst die englische Königin ließ es sich nicht nehmen, anlässlich eines

ihrer Besuche in Victoria ihre *teatime* in der Lounge des Empress zu genießen. Wer sich der königlichen Tradition anschließen will, muss dafür stolze C$ 55 berappen.

Vom Empress fällt der Blick auf das imposante **Parlamentsgebäude**, das fast zeitgleich mit dem Empress im viktorianisch-romanischen Mischstil errichtet wurde. Auf der Spitze des grün schimmernden Kupferdaches thront die goldene Statue von Captain Vancouver, dem Entdecker und Namensgeber von Vancouver Island. Einen sehr interessanten Einblick in die Geschichte und gegenwärtige Bedeutung des „Legislative Buildings" bieten die täglich mehrfach angebotenen Führungen durch das Gebäude. Besonders attraktiv ist das Parlament nach Sonnenuntergang, wenn 33.000 Lampen entlang der Simse das Gebäude feierlich umrahmen.

Genügend Zeit sollte man für den Besuch des gleich neben dem Parlament gelegenen **Royal British Columbia Museums** (s. S. 100) einplanen. Neben der ausgezeichneten Ausstellung zur Kultur der Westküstenindianer gehört die naturgetreue Nachbildung des Regenwaldes mit seiner reichen Tier- und Pflanzenwelt zu den ausgezeichneten Exponaten dieses herausragenden Museums. Großer Beliebtheit erfreut sich auch das angeschlossene **IMAX-Theater** (s. S. 100). Hinter dem Museum bilden die Totempfähle der Westküstenindianer im Thunderbird Park ein beliebtes Fotomotiv.

Vom Museum führt ein hübscher Spaziergang entlang der Promenade des Inner Harbour. Vorbei an Straßenkünstlern, Modeschmuck verkaufenden Indianern, den im Wasser dümpelnden Jachten und startenden und landenden Wasserflugzeugen gelangt man zur **Government Street.** Entlang der leicht ansteigenden Hauptstraße Victorias finden sich zahlreiche

traditionelle, in restaurierten Kolonialbauten untergebrachte Geschäfte wie Munroes Books, Rogers' Chocolates und The Old Tobacconist. Nach etwa 300 Metern gelangt man zum **Bastion Square**, der Keimzelle Victorias. Dort, wo vor über 150 Jahren Fort Victoria stand, findet heute im Sommer ein kleiner Markt statt, auf dem Kunsthandwerk wie Keramiken, Schmuck und Kleidung angeboten werden. Das im Zentrum des Bastion Square stehende **Maritime Museum** (s. S. 100), beherbergt über 5000 Ausstellungsstücke zur maritimen Geschichte der Stadt. Besonders beeindruckend ist ein 12 Meter langes, mit drei Masten versehenes Indianerboot, welches Anfang des 20. Jahrhunderts bis nach England segelte.

▲ *Das Fairmont Empress Hotel*

◄ *Das Parlament der Provinz British Columbia in der Innenstadt von Victoria*

Ein Beispiel gelungener Stadtsanierung ist der **Market Square.** Um einen schön restaurierten Innenhof gruppieren sich zahlreiche Restaurants und Spezialitätengeschäfte. Die sich anschließende **Johnson Street** mit ihren restaurierten, bunt bemalten Kolonialbauten, in denen heute vor allem coole Designerläden ihre Waren anbieten, gehört zu den schönsten Einkaufsstraßen Victorias.

Durch das mächtige, von zwei großen Löwen flankierte **Gate of Harmony** gelangt man nach **Chinatown.** Entlang der Fisgard Street, der Hauptstraße des ältesten Chinesenviertels Kanadas, reihen sich Cafés, Restaurants, Souvenir- und Lebensmittelgeschäfte. Leicht zu übersehen ist die von hier abgehende **Fan Tan Alley.** Entlang der ehemals von Opiumhändlern und Spielhöllen flankierten, kaum zwei Meter breiten Gasse haben sich viele Spezialitätengeschäfte angesiedelt.

Informationen

119 [Karte I] **Tourism Victoria Visitor Info Centre,** 812 Wharf St., Tel. 2509532033, www.tourismvictoria.com

- **„Where"** ist ein kostenloses, in vielen Hotels und Restaurants ausliegendes Magazin mit zahlreichen Infos und Karten zu Victoria.

Sehenswürdigkeiten

120 [Karte I] **Royal British Columbia Museum,** 675 Belleville Street, Tel. 2503567226, www.royalbcmuseum.bc.ca, tägl. 9–17 Uhr, C$ 15 (Erwachsene), C$ 9,50 (Jugendliche 6–18 Jahre), Kinder (3–5 Jahre) kostenlos

121 [Karte I] **IMAX-Theater,** 675 Belleville Street, tägl. 10–20 Uhr, ab C$ 11 (Erwachsene), C$ 8,75 (Jugendliche), C$ 5 (Kinder 3–5 Jahre)

122 [Karte I] **Maritime Museum,** 28 Bastion Square, Tel. 2503854222-101, http://mmbc.bc.ca, tägl. ab 9.30 Uhr, C$ 10 (Erwachs.), C$ 5 (Kinder 6–11 J.)

Übernachten

123 [Karte I] **Fairmont Empress Hotel,** 721 Government St., Tel. 2503848111, www.fairmont.com. Die „Grand Dame" unter den Hotels ist eigentlich eine Sehenswürdigkeit in sich. Wer es sich leisten kann, sollte sich in eines der Zimmer zum Inner Harbour einmieten.

124 [Karte I] **Rosewood Victoria Inn,** 595 Michigan St., Tel. 2503846644, www.rosewoodvictoria.com. Ein in einer schönen Villa ansässiges B&B in ruhiger, doch zentraler Lage mit gemütlichen Zimmern und ausgezeichnetem Frühstück.

Restaurants

125 [Karte I] **Camille's,** 45 Bastion Square, Tel. 2503813422. Die Gourmetadresse in Victoria. Nach dem Motto „buy locally, eat seasonally" wechselt die Karte je nach Jahreszeit. Falls im Angebot, sollte man sich auf keinen Fall das köstliche „bisque", eine mit feinen Kräutern zubereitete Lobstersuppe, entgehen lassen.

126 [Karte I] **Re-Bar Modern Food,** 50 Bastion Square, Tel. 2503619223, www.rebarmodernfood.com. Äußerst populäres, ausgezeichnetes vegetarisches Restaurant mit eigenem, mehrfach ausgezeichnetem Kochbuch.

Anreise

- **Bus/Fähre:** Pacific Coach Lines (www.pacificcoach.com, Tel. 2503854411) fährt täglich zwischen 7 und 21 Uhr im 2-Stunden-Takt innerhalb von 3,5 Stunden von der Central Station in Vancouver bis zum Inner Harbour in Victoria, inklusive 1,5-stündiger Fährfahrt.
- **Flug:** Am schnellsten und „kanadischsten" geht es mit dem Wasserflugzeug von Coal Harbour am Rande des Stadtzentrums von Vancouver innerhalb von 30 Minuten in den Inner Harbour in Downtown Victoria. Harbour Air Seaplanes (www.harbour-air.com, Tel. 6042741277) mit täglich bis zu 30 Flügen (C$ 135, einfach).

32 WHISTLER ★

Welch eine Erfolgsgeschichte! Weniger als 100 Jahre sind vergangen seit die Brüder Philip vier Hektar unzugängliches Land um den 115 km nördlich von Vancouver gelegenen Alta Lake für gerade einmal C$ 700 erstanden, um es in den nächsten Jahren in ein Skigebiet zu verwandeln. Aus der ersten Lodge, der „Rainbow Lodge", wurde mit Whistler eines der bekanntesten Skigebiete Nordamerikas, welches mit Vancouver zum **Austragungsort der Olympischen Winterspiele 2010** ernannt

KARTE II: WHISTLER, ÜBERSICHT

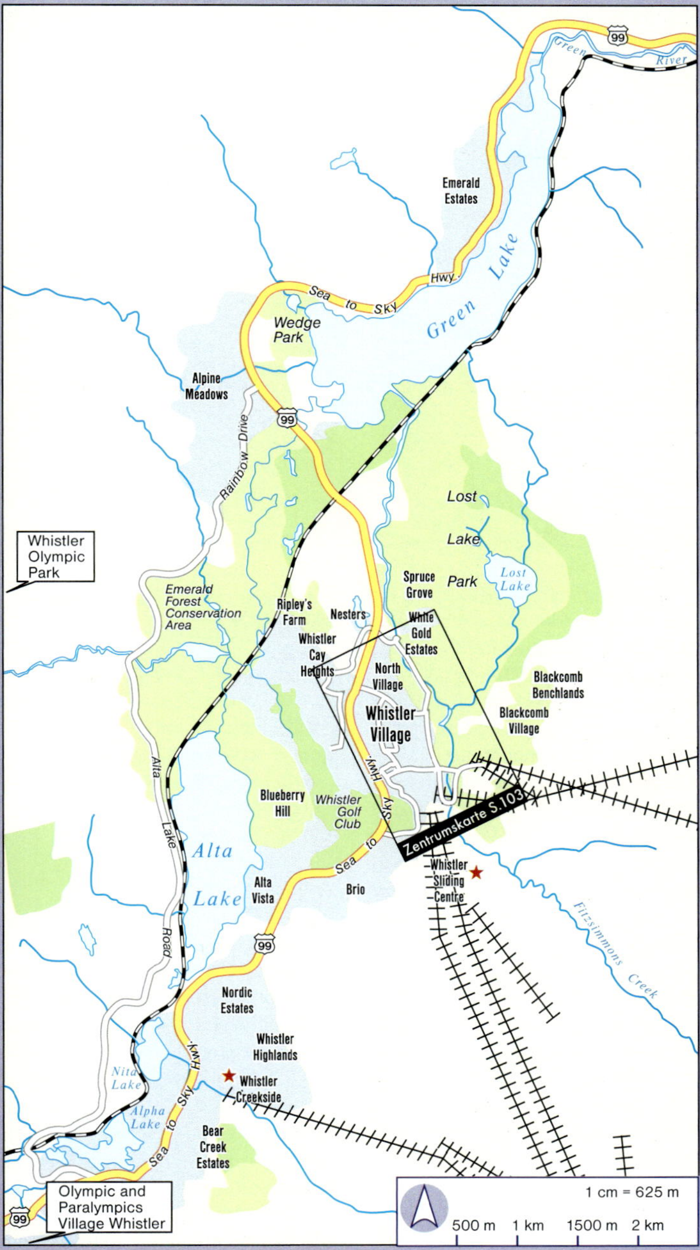

039vc Abb.: fl, © Robert Cocquyt - Fotolia.com

wurde. Mehrfach als **bestes Ski Resort Nordamerikas** ausgezeichnet, zieht das im Schatten der beiden bis zu 2300 Meter hoch aufsteigenden Gipfel Whistler Mountain und Blackcomb Mountain jedes Jahr zwei Millionen Ski- und Snowboardenthusiasten aus aller Welt an. Kein Wunder, bedenkt man die über 200 Pisten, eine schneesichere Saison von November bis Mitte August, dazu die Nähe zu den Millionenstädten Vancouver und Seattle, sowie das ausgezeichnete Freizeitangebot und die hervorragende touristische Infrastruktur.

Eine technische Meisterleistung stellt die 2009 fertiggestellte Verbindung der beiden Berge mit der weltweit längsten Gondelbahn dar. Innerhalb von 11 Min. verbindet die **Peak 2 Peak Gondola** Whistlers 4,4 km voneinander entfernte Hausberge und bietet dabei atemberaubende Ausblicke auf die umliegende Bergwelt (www.peak2peakgondola.com).

LEGENDE

- 127 The Whistler Visitor Info Centre S. 104
- 128 Adara S. 104
- 129 Blackcomb Lodge S. 104
- 130 Araxi Restaurant & Bar S. 104
- 131 Caramba! S. 104
- 132 The Beet Root Café S. 104

Doch das 660 Meter hoch gelegene Whistler ist weit mehr als nur ein Weltklasseskigebiet. Die umliegende Natur mit Bergseen und Wanderwegen bietet sich zum wandern, bergsteigen, joggen, fischen,

▲ *Das Symbol der Olympischen Winterspiele 2010 im Tiefschnee hoch über Whistler*

KARTE III: WHISTLER, ZENTRUM

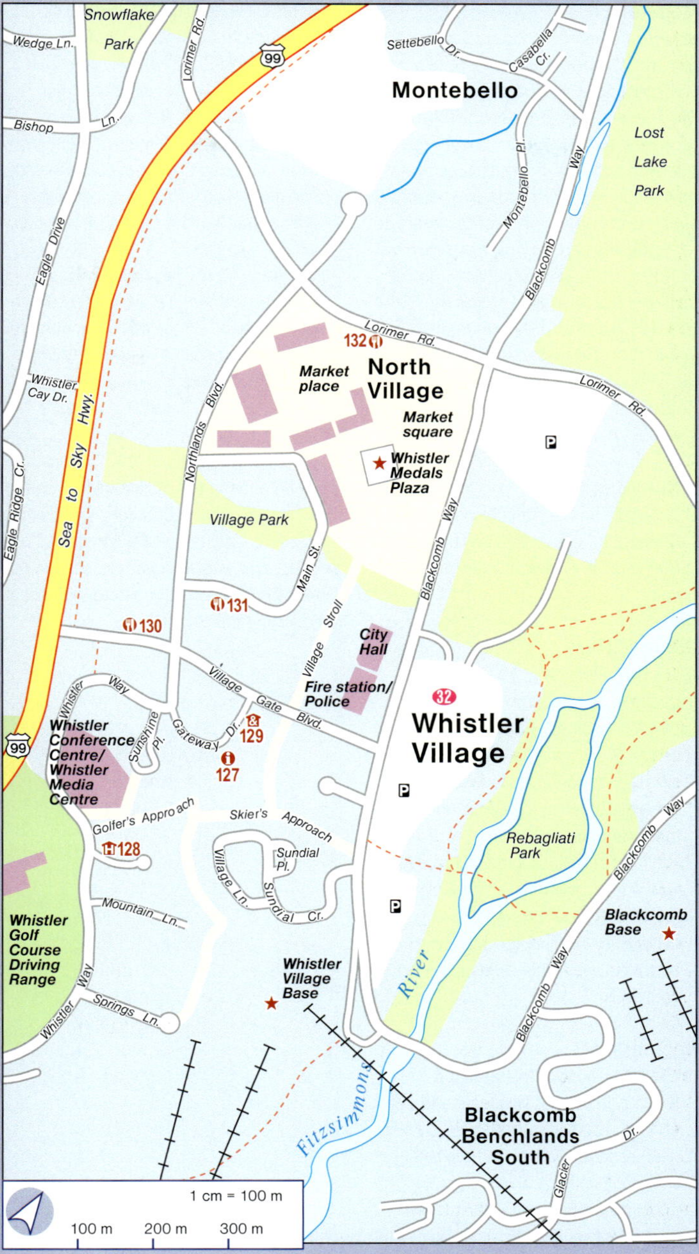

Mountainbiking, Kanufahren, Pferdereiten und für schöne Fahrradtouren an. Darüber hinaus stehen zwei Golfplätze zur Verfügung. Zum Après-Ski bieten sich die Geschäfte, Restaurants und Kneipen im Village an. Die vier separaten Stadtteile, aus denen sich Whistler zusammensetzt, sind durch eine sehr schön gestaltete Fußgängerzone miteinander verbunden. Beim gemütlichen Bummeln entlang der hübschen Plätze, Ruhezonen, Bäche und Gärten ist man umgeben von Besuchern aus aller Welt, die Whistler zu einem ebenso multikulturellen wie friedvollen und fröhlichen Ort machen.

Informationen

127 [Karte III] **The Whistler Visitor Info Centre,** 201-4230 Gateway Dr., Tel. 6049353357, www.whistlerchamber.com

Übernachten

128 [Karte III] **Adara,** 4122 Village Green, www.adarahotel.com, Tel. 6049054009. Ein Boutiquehotel im besten Sinne mit persönlichem Service, stilvoll und gleichzeitig funktional eingerichteten Zimmern mit Kamin und neuestem Entertainmentsystem.

129 [Karte III] **Blackcomb Lodge,** 4220 Gateway Dr., www.blackcomblodge.com, Tel. 6049351177. Gemütlich eingerichtete Zimmer zum Teil mit Küche in zentraler Lage – gutes Preis-Leistungs-Verhältnis.

Restaurants

130 [Karte III] **Araxi Restaurant & Bar,** 4222 Whistler Village Sq., Tel. 6049324540, www.araxi.com. Die erste Adresse von Whistler für *fine dining* in romantischem Ambiente. Schwerpunkt der vielfach ausgezeichneten Küche liegt auf West Coast Cuisine unter Berücksichtigung der 100-Mile Diet.

131 [Karte III] **Caramba!,** 12-4314 Main St., Tel. 6049381879, www.caramba-restaurante.com. Die umfangreiche Speisekarte beinhaltet vornehmlich mediterrane Speisen wie Nudelgerichte, Pizzen und Fisch. Der freundliche Service und die großen Portionen zu günstigen Preisen machen das Caramba! zu einem lokalen Favoriten.

132 [Karte III] **The Beet Root Café,** 129-4340 Lorimer Rd., Tel. 6049321163. Ob Frühstück, Mittag- oder Abendessen – hier gibt es leckere Hausmannskost zu günstigen Preisen.

Anreise

Mit dem Auto dauert die 115 km lange Fahrt entlang des spektakulären Sea to Sky Highways ca. 2 Stunden. Der besonders bei Touristen populäre Whistler Mountaineer (www.whistlermountaineer.com, Tel. 6046068460), ein Panoramazug, benötigt für die Fahrt drei Stunden.

PRAKTISCHE REISETIPPS A–Z

040vc Abb.: tb

AN- UND RÜCKREISE

Lufthansa im Verbund mit Air Canada (Star Alliance, www.staralliance.com) bietet täglich und ganzjährig Direktflüge von/nach Frankfurt/Main. Die Preise variieren je nach Saison recht stark: In den Wintermonaten von November bis April liegen sie bei 500 €, zwischen Mai und Oktober bei 800 €.

Etwas günstiger fliegt die kanadische Chartergesellschaft **Air Transat** (www.airtransat.de) an mehreren Tagen der Woche, allerdings nur in den Sommermonaten von Mai bis Oktober von Vancouver nach Frankfurt/Main und München. Alle Flüge legen einen Zwischenstopp in Calgary ein.

Darüber hinaus gibt es eine Reihe weiterer europäischer Fluggesellschaften wie Air France, British Airways und KLM, die mit Zwischenstopps nach Vancouver fliegen.

Es gibt verschiedene Möglichkeiten, um vom **Vancouver International Airport** [bk] (Tel. 6042077077, www.yvr.ca), mit jährlich 17 Millionen Passagieren der zweitgrößte Flughafen Kanadas, in die 15 Kilometer entfernte Innenstadt zu gelangen:

- **Canada Line** (www.canadaline.ca): Die im August 2009 pünktlich in Vorbereitung auf die Olympischen Winterspiele 2010 eingeweihte Schnellbahn fährt innerhalb von 26 Minuten entlang 13 Stationen bis zur Waterfront Station 10 im Zentrum von Downtown.
- **Mietwagen:** Alle großen Mietwagenfirmen Nordamerikas wie Alamo (Tel. 6042311400), Avis (Tel. 6046062847), Budget (Tel. 6046687000) und Hertz (Tel. 6046063700) verfügen über Büros im Erdgeschoss *(groundfloor)* des dreigeschossigen Flughafens.
- **Taxi:** Taxis stehen sowohl vor dem „Arrival"- als auch dem „Departure"-Level. Fahrt in die Innenstadt kostet ca. C$ 30.

AUTOFAHREN

Wie in vielen nordamerikanischen Städten ist auch in den meisten Vierteln Vancouvers das Straßennetz in Form eines Gitters angelegt. Auf der einen Seite ist es so recht einfach zu durchschauen, andererseits gibt es eine Reihe von Einbahnstraßen und Abbiegeverboten, sodass man zum Teil recht weite Umwege in Kauf nehmen muss. Zu den Hauptverkehrszeiten *(rush hours)* von 7–9 und 16–19 Uhr sollte man sich entlang der Hauptausfallstraßen auf größere Verkehrsstaus einrichten. Die Geschwindigkeitsbegrenzung in der Innenstadt liegt bei 50 km/h (in Wohngebieten zum Teil bei 30 km/h), auf Highways bei 120 km/h.

Benzin kostet gewöhnlich etwa 30 % weniger als in Mitteleuropa.

Die allgemeinen Verkehrsvorschriften Kanadas entsprechen weitgehend denen Europas. Es wird rechts gefahren und die Verkehrszeichen sind leicht verständlich. Entfernungen und Geschwindigkeitsbegrenzungen werden metrisch angezeigt. In vielen Provinzen, so auch in British Columbia, ist es Pflicht, auch tagsüber das Abblendlicht des Fahrzeugs einzuschalten. In Kanada besteht Gurtpflicht.

Zwischen den deutschen Automobilklubs und der Canada Automobile Association (CAA) bestehen Kooperationsverträge. Mitglieder dieser Klubs können gegen Vorlage ihres

◄ *Wasserflugzeuge wie hier im Coal Harbour sind ein beliebtes Transportmittel*

041vc Abb.: tb

Mitgliedsausweises alle Dienstleistungen der CAA in Anspruch nehmen. Der nationale Führerschein des Besuchers wird in Kanada prinzipiell anerkannt; es ist dennoch empfehlenswert, sich im Heimatort einen internationalen Führerschein ausstellen zu lassen, der nur in Verbindung mit dem nationalen Dokument Gültigkeit hat.

Hier einige **kanadische Besonderheiten** im Straßenverkehr:

- **Ampeln:** Das Rechtsabbiegen ist auch bei roter Ampel nach einem vollständigem Stopp und bei freier Fahrbahn erlaubt.
- **Alkohol:** Die Alkoholgrenze liegt bei 0,8 Promille. Verstöße werden mit Führerscheinentzug von bis zu drei Monaten geahndet.
- Für **Schulbusse** (gelb mit Aufschrift „School bus") müssen bei Blinklicht und ausgeschwenktem Stopp-Signalschild Autos in beiden Richtungen anhalten.
- **Straßenbahnen** dürfen an Haltestellen nicht rechts überholt werden.

▲ *Zu den Hauptverkehrszeiten muss man in Vancouver mit Staus rechnen*

MIETWAGEN

Das Mieten eines Autos macht Sinn, wenn man die Umgebung von Vancouver oder Whistler und Victoria unabhängig besuchen möchte. Wer nur das unmittelbare Stadtgebiet erkunden möchte, kann dies problemlos zu

Fuß und mit öffentlichen Verkehrsmitteln tun. Damit spart man sich auch das speziell in der Innenstadt leidige Parkplatzproblem.

Wer sich für das Buchen eines Mietwagens entscheidet, sollte das Fahrzeug bereits vor Reiseantritt zu Hause reservieren. Besonders günstig sind die von vielen Kanadareiseveranstaltern angebotenen Fly&Drive-Angebote. Autovermietungen sind an den Flughäfen und in den Städten zu finden. Die Mietgebühren variieren je nach Saison. Der Preis für einen Mittelklassewagen liegt bei etwa 250 Euro pro Woche. Das Mindestalter für Automieter liegt bei 21 Jahren. Der Mietvertrag muss während der gesamten Reise mitgeführt werden. Zu beachten ist, dass der Fahrer eines Fahrzeuges einen Nachweis über die in Kanada vorgeschriebene Haftpflichtversicherung (im Mietpreis enthalten) bei sich führen muss.

BARRIEREFREIES REISEN

Die Regierung Kanadas hat es sich zur Aufgabe gemacht, ein möglichst barrierefreies Reisen zu ermöglichen. Informationen zu den kanadischen Initiativen finden sich auf der Website www.accesstotravel.gc.ca. Europäische Behindertenparkausweise werden in Kanada gemäß der Resolution 97/4 anerkannt. Einige kanadische Transportunternehmen gewähren Ermäßigungen für Begleitpersonen von Behinderten. Informationen darüber erhält man direkt von den Unternehmen, die auf der Website der Canadian Transportation Agency zu finden sind: www.cta-otc.gc.ca.

DIPLOMATISCHE VERTRETUNGEN

IN DEUTSCHLAND

- **Kanadische Botschaft in Deutschland,** Leipziger Platz 17, 10117 Berlin, Tel. 030 203120, nur dort Erteilung eines Visums; Vertretungen in Düsseldorf, Hamburg, München und Stuttgart
- **Kanadische Botschaft in Österreich,** Laurenzerberg 2, 1010 Wien, Tel. 01 531383000
- **Kanadische Botschaft in der Schweiz,** Kirchenfelderstr. 88, 3005 Bern, Tel. 031 3573200
- Adressen u. a. hilfreiche Infos unter **www.kanada.de, www.kanada.at** bzw. **www.international.gc.ca** (engl.)

IN VANCOUVER

- •133 [H2] **German Consulate General,** Suite 704, World Trade Centre, 999 Canada Place, www.vancouver.diplo.de, info@vancouver.diplo.de, Tel. 604 6848377
- •134 [H2] **Austrian Honorary Consulate,** Vancouver-Marketingoffice der AHST Toronto, 600–890 W Pender Street, austrianconsulatebc@gmail.com, Tel. 604 6873338
- •135 [H2] **Swiss Consulate General,** Suite 790, World Trade Center, 999 Canada Place, Tel. 604 6842231, www.eda.admin.ch/Vancouver, van.vertretung@eda.admin.ch

EIN- UND AUSREISE-BESTIMMUNGEN

Solange die Aufenthaltsdauer nicht 6 Monate überschreitet, dürfen Bürger der Europäischen Union sowie Schweizer Bürger mit einem gültigen

Reisepass ohne Visum nach Kanada zu Urlaubs-, Besuchs- oder geschäftlichen Zwecken einreisen. Sie müssen über ausreichende Geldmittel für den Aufenthalt im Lande verfügen und die Rückkehr in das Heimatland muss gesichert sein (Rückflugticket oder Ähnliches). Impfungen sind zurzeit nicht vorgeschrieben. Vor bzw. bei der Einreise wird ein kurzes Formular *(Declaration Card/ Carte de déclaration)* auf Englisch und Französisch ausgehändigt, welches beim Zollbeamten unterschrieben abgegeben werden muss. (Stand Einreise- und Visabestimmungen Oktober 2009. Da sich die Bestimmungen kurzfristig ändern können, sollte man sich aktuell bei den genannten diplomatischen Vertretungen informieren.)

Laut kanadischen Vorschriften muss der Reisepass bis zur Beendigung der Rückreise in das Heimatland gültig sein. Viele Fluggesellschaften schreiben allerdings eine längere Gültigkeitsdauer vor. Bitte erkundigen Sie sich diesbezüglich vor der Abreise in Ihrem Reisebüro.

ZOLL

Im Flugzeug muss eine weiße Zollkarte *(CBSA Declaration Card)* ausgefüllt werden, die nach der Kofferannahme von Zollbeamten eingesammelt wird. Einfuhrbeschränkungen bzw. Verbote bestehen unter anderem für Arzneimittel, Antiquitäten, Lebensmittel, Raubkopien, Tiere und Pflanzen. Um unnötige Verzögerungen bei der Zollabfertigung zu vermeiden, sollten man so wenig wie möglich an Lebensmitteln mitnehmen.

Fragen in Bezug auf die Einfuhr von bestimmten Lebensmitteln beantwortet die kanadische Bundesanstalt für Lebensmittelkontrolle, die auch für die Einfuhr von Tieren und Pflanzen zuständig ist unter www.inspection.gc.ca. Beträge über C$ 10.000 müssen deklariert werden.

Einfuhr Kanada

- **Geschenke** bis zu maximal C$ 60 pro Reisendem
- **Alkohol** (ab 19 Jahren): 1,5 l Wein oder 1,14 l Likör oder 24 x 355 ml Bier
- **Tabakwaren:** 200 Zigaretten oder 50 Zigarren oder 200 g Tabak

Einfuhr Deutschland/Österreich/ Schweiz

Folgende Freimengen dürfen zollfrei eingeführt werden:

- **Alkohol** (über 17 Jahren): 1 l über 22 Vol.-% oder 2 l über 22 Vol.-% und zusätzlich 2 l nicht-schäumende Weine; in die Schweiz: 2 l bis 15 Vol.-% und 1 l über 15 Vol.-%
- **Tabakwaren** (über 17 Jahren): 200 Zigaretten oder 100 Zigarillos oder 50 Zigarren oder 250 g Tabak

Andere Waren für den persönlichen Gebrauch bis zu einem Gesamtwert von 300 EUR (Schweiz: 300 CHF) pro Person. Wird der Gesamtwert überschritten, sind die Einfuhrabgaben auf den Gesamtwert der Ware zu zahlen und nicht nur auf den die Freimenge übersteigenden Anteil.
Nähere Informationen:

- **Deutschland:** www.zoll.de oder beim Zollinfocenter, Tel. 069 46997600. Sehr informativ ist auch die Broschüre „Reisezeit – Ihr Weg durch den Zoll“, die kostenlos von der Website heruntergeladen werden kann.
- **Österreich:** www.bmf.gv.at oder beim Zollamt Villach, Tel. 04242 33233
- **Schweiz:** www.ezv.admin.ch oder bei der Zollkreisdirektion in Basel, Tel. 061 2871111

ELEKTRIZITÄT

In Kanada gibt es 110/120-Volt-Wechselstrom. Es ist darauf zu achten, dass in Deutschland gekaufte elektronische Geräte auf diese Voltzahl umschaltbar sind. Außerdem benötigt man einen Adapter für die in Nordamerika gebräuchlichen Flachstecker, den man am besten bereits vor der Abreise erwirbt.

GELDFRAGEN

WÄHRUNG UND ZAHLUNGSMITTEL

Der Kanadische Dollar (C$) unterteilt sich in folgende Münzen: 25 Cent (Quarter), 10 Cent (Dime), 5 Cent (Nickel) und 1 Cent (Penny). Darüber hinaus gibt es noch eine C$-1-Münze (Loonie) und eine C$-2-Münze (Toonie). Als Banknoten sind im Umlauf: C$ 5, C$ 10, C$ 20, C$ 50, C$ 100.

Bei der Zusammenstellung der Reisekasse empfiehlt sich eine Mischung aus American Express Travellers Cheques, welche auch in C$ erhältlich sind, Kreditkarte und ein wenig Bargeld. Von den überall zur Verfügung stehenden Geldautomaten akzeptieren die meisten auch die Maestro-(EC)-Karte.

Geldwechselmöglichkeiten bestehen an fast allen Banken sowie an mit „Currency Exchange" gekennzeichneten Wechselstuben, die sich an vornehmlich von Touristen aufgesuchten Orten befinden.

Zu bedenken ist, dass auf die meisten Waren eine GST (Goods and Services Tax) von 5 % und eine PST (Provincial Sales Tax) von in British Columbia derzeit 7 % aufgeschlagen wird. Allerdings gibt es hiervon eine Reihe von Ausnahmen. So wird auf

UMTAUSCHKURSE

1 C$ = 0,63 € / 0,96 CHF
1 € = 1,58 C$
1 CHF = 1,04 C$

(Stand: Oktober 2009)

VANCOUVER PREISWERT

Schönheit muss nicht teuer sein. Wenn sie dazu, wie im Falle Vancouvers, auch noch naturgegeben ist, darf man sie häufig sogar kostenlos genießen. Vancouvers einzigartige Einbettung in die die Stadt umgebende Natur, die Parks, Strände und historischen Bauten präsentieren sich dem Besucher zum Nulltarif. Tagelang kann man die Sehenswürdigkeiten der Stadt erkunden, ohne dabei auch nur einen Cent an Eintrittsgebühren zahlen zu müssen. Allein der ***Stanley Park*** *(14) bietet genug Abwechslung für einen ganzen Tag. Zudem kann man die Ruhe und die schönen Aussichten von den Parks und Stränden mit einem köstlichen Picknick verbinden. Die überall zu findenden Supermärkte mit ihren Delis bieten eine reichhaltige Auswahl an Sandwiches, Obst und Nachspeisen. Die Restaurants Vancouvers locken zur Mittagszeit mit günstigen* ***„lunch specials"*** *die Angestellten der umliegenden Büros – eine preiswerte Möglichkeit um günstig und lecker zu essen. Anlässlich der speziell in den Sommermonaten stattfindenden* ***Festivals*** *und Feiertage kommt man häufig in den Genuss von freien*

Konzerten und Veranstaltungen. Besonders das Folk Festival am Jericho Beach, die Feierlichkeiten anlässlich des Canada Day, das Festival Vancouver und natürlich das Festival of Lights (s. S. 13) sind hier zu nennen.

Wer bei einem einstündigen geführten Rundgang durch Gastown interessante Hintergrundgeschichten zu diesem ältesten Stadtviertel Vancouvers erfahren möchte, sollte sich einem der ***Free Historic Walking Tours*** *anschließen, die jeden Tag um 14 Uhr am Maple Tree Square beginnen.*

Für ***Naturkundeinteressierte*** *bieten sich die Capilano Salmon Hatchery 26, das Lost Lagoon Nature House (s. S. 33) und das Lynn Canyon Park Ecology Centre (s. S. 93) als ebenso informative wie kostenlose Stellen an. Wem die berühmte Capilano Suspension Bridge 25 zu touristisch und teuer ist, bietet sich mit der Hängebrücke im Lynn Canyon Park 27 eine kostenlose und mindestens genauso atemberaubende Alternative.*

Konzertbesuche internationaler Stars sind auch in Vancouver keine billige Angelegenheit. Doch auch hier bietet sich mit der Agentur ***„Tickets Tonight“*** *(s. S. 30), die Eintrittskarten für nicht ausverkaufte Veranstaltungen am gleichen Tag für 50 % Ermäßigung verkauft, eine günstige Alternative.*

Apropos Stars: Die Chance in den Straßen des „Hollywood of the North“ internationale ***Filmstars*** *wie John Travolta, Uma Thurman oder Gwyneth Paltrow zu sehen, sind außergewöhnlich gut. Entlang der Robson 1 und Burrad Street sowie rund um die Vancouver Art Gallery 2 und das Vancouver Hotel 3 finden sich immer wieder Filmcrews mit ihrem aufwendigen Wagenpark. Auf der Webseite www.bcfilmcommission.com kann man sich aktuell informieren, welche Filme in Vancouver gedreht werden.*

Ein Paradies für Schnäppchenjäger sind die ***Nachtmärkte*** *in Chinatown und Richmond (s. S. 19). Zudem hat man hier die Auswahl zwischen unzähligen ebenso günstigen wie köstlichen Essensständen.*

Wer schließlich anstatt mit den organisierten Stadtrundfahrten mit einem ***öffentlichen Bus*** *für ein paar Dollar die Schönheiten der Stadt erleben möchte, dem seien die Linien 52 (Stanley Park), 210, 250 und 351 empfohlen.*

Nahrungsmittel normalerweise nicht die PST aufgeschlagen.

TRINKGELDER

Trinkgelder sind zwar nicht vorgeschrieben, werden in der Serviceindustrie jedoch erwartet. Da die meisten Bediensteten nur einen relativ geringen Grundlohn erhalten, sind sie auf das Trinkgeld angewiesen. 10 % wird in Restaurants und Hotels mindestens erwartet, 15 % sind die Regel. In manchen vor allem von europäischen Touristen frequentierten Restaurants wird eine 15 %ige *gratuity* automatisch auf den Endbetrag hinzugerechnet. Hierbei handelt es sich bereits um den erwarteten *tipp* (Trinkgeld). In diesem Fall muss der Gast selbstverständlich nicht noch einmal zusätzlich Trinkgeld geben.

INFORMATIONSQUELLEN

INFOSTELLEN ZU HAUSE

- **www.tourismvancouver.com**
- **www.vancouver.about.com**
- **Canadian Tourism Commission,** c/o Lange Touristik-Dienst, Eichenheege 1–5, 63477 Maintal, Kanada Hotline: 01805/526232 (0,14€/Min. – abweichende Preise aus dem Mobilfunknetz)

INFOSTELLEN VOR ORT

ℹ **136** [H2] **Tourism Vancouver,** Visitor Centre, Plaza Level, 200 Burrard St., Tel. 604 6832000, Fax 604 6826839

PUBLIKATIONEN UND MEDIEN

- Die **Vancouver Sun** (www.canada.com/vancouversun), Vancouvers größte Tageszeitung, erscheint täglich außer sonntags.

042vc Abb.: tb

MEINE LITERATURTIPPS

- ***Best Places Vancouver*** *(Sasquatch Books, 2009). Einer der besten lokalen Reiseführer mit einer Vielzahl an Tipps. Kernstück ist das Top-200-Restaurant-Kapitel.*
- ***Douglas Coupland: City of Glass*** *(Douglas & McIntyre, 2000). Der Autor des Kultbuches „Generation X" nimmt in seinen ebenso locker wie informativ geschriebenen Essays so unterschiedliche Themen wie die Farben, Bäume, Wreck Beach und die Lions Gate Bridge unter die Lupe.*
- ***Lance Berelowitz: Dream City*** *(D&m Adult, 2005). Ausgezeichnetes Buch über die historischen Hintergründe und städteplanerischen Entscheidungen, die Vancouver zu einer der lebenswertesten Großstädte der Erde gemacht haben.*
- ***Lee Henderson: The Man Game*** *(Penguin 2008). Mehrfach ausgezeichneter historischer Roman vor dem Hintergrund der Gründerjahre Vancouvers.*
- ***Michael Kluckner, John Atkin: Vancouver Walks: Discovering City Heritage*** *(Stellar Press, 2003). Über 30 Spaziergänge durch Vancouver mit interessanten Hintergrundinfos zu den einzelnen Vierteln und Gebäuden.*
- ***Shawn Blore: Vancouver: Secrets of the City*** *(Arsenal Pulp Press, 2000). Unbekannte und kuriose Geschichten zu den Sehenswürdigkeiten der Stadt.*

- **The Province** *(www.theprovince.com)* ist das boulevardähnliche Pendant zur Vancouver Sun mit Schwergewicht auf Unterhaltung und Sport.
- Die seriöseste überregionale Zeitung des Landes ist die angesehene liberale **Globe and Mail** *(www.theglobeandmail.com)*, welche auch über einen regionalen Vancouverteil verfügt.
- Das konservative Gegenstück zur Globe and Mail ist die **National Post** (www.nationalpost.com).
- The **Georgia Straight** (www.straight.com) ist ein kostenloses, jeden Donnerstag erscheinendes Blatt mit einer Fülle an Artikeln aus der Kunst- und Entertainmentsparte sowie mit allen wichtigen Veranstaltungstipps für Vancouver.

DIE STADT IM INTERNET

- **City of Vancouver** (www.vancouver.ca) ist die offizielle Webseite der Stadt mit einer Vielzahl von Links und Straßenplänen zum Herunterladen.
- **Discover Vancouver** (www.discovervancouver.com) führt Hotels, Restaurants, Sehenswürdigkeiten und ähnliche Infos für ausländische Touristen auf.
- **Vancouver 2010** (www.vancouver2010.com), die offizielle Webseite des Olympischen Komitees mit allem, was man rund um die Olympischen Winterspiele 2010 wissen möchte.

INTERNET UND INTERNETCAFÉS

Wer einen Laptop besitzt, kann in diversen Cafés umsonst surfen, zum Beispiel im:

137 [F2] **Blenz**, 1201 Robson Street, www.blenz.com, Tel. 604 5689485.
In der Vancouver Library dürfen auch Nichtmitglieder für eine begrenzte Zeit (Maximum liegt bei 30 Minuten) an den Computern ins Netz gehen.

Darüber hinaus gibt es eine Reihe von Internetcafés, von denen die meisten von morgen 8/9 Uhr bis spät in den Abend geöffnet haben. Die Gebühren liegen bei etwa C$ 2–3 pro Stunde.

@138 [E1] **Global Internet,** 779 Denman St., Tel. 6046339389

@139 [F3] **Internet Coffee,** 1104 Davie St., Tel. 6046826668

@140 [E1] **Star Internet Café,** 1690 Robson St., Tel. 6046854645

MASSE UND GEWICHTE

Anders als in den USA gilt in Kanada seit den 1970er-Jahren das in Europa angewandte metrische System. Gewicht (ounce, pound), Größe (inch, foot) und Temperatur (Grad Fahrenheit) hingegen werden in anderen Maßeinheiten gemessen. Hier die Umrechnungsdaten:

- 1 ounce (oz.) = 28,35 g
- 1 pound (lb.) = 16 oz. = 453 g
- 1 inch (in.) = 2,54 cm
- 1 foot (ft.) = 12 inches = 30,48 cm
- Fahrenheit (°F) = (°F–32) x 5 : 9, z. B. sind 68 °F = 20 °C

MEDIZINISCHE VERSORGUNG

Angesichts der sehr hohen Arzt- und Krankenhauskosten (allein eine ärztliche Konsultation in der Notaufnahme eines Krankenhauses kann

◄ *Informationsstand am Canada Place*

bereits mit C$ 300 zu Buche schlagen) sollte man unbedingt vor Reiseantritt eine Auslandsreisekrankenversicherung abschließen bzw. sich bei der eigenen Krankenversicherung über die Abdeckung der entstehenden Kosten bei Auslandsreisen informieren. Ärzte und Krankenhäuser verlangen vor jeglicher Behandlung eine Bezahlung in bar oder mit Kreditkarte. Eine Rezeptkopie hilft, damit ein kanadischer Arzt das Rezept erneuern kann.

KRANKENHÄUSER MIT NOTAUFNAHME

- 141 [F3] **St. Paul's Hospital,** 1081 Burrad St., Tel. 6046822344
- 142 [cj] **B. C. Children's Hospital,** 4480 Oak St., Tel. 6048752345
- 143 [cj] **Vancouver General Hospital,** West 12th Ave., Tel. 6048754111

ARZTPRAXEN

- 144 [H2] **Stein Medical Clinic,** 188–550 Burrad St., Tel. 6046885924
- 145 [G2] **Ultima Medicine Plus,** 1055 Dunsmuir St., Tel. 6046838138

ZAHNÄRZTLICHE VERSORGUNG

- 146 [H3] **Vancouver Centre Dental Clinic,** 650 West Georgia Street, Tel. 6046821601
- 147 [F2] **Downtown Dental Clinic,** 1328 Alberni Street, Tel. 6046691111

APOTHEKEN (24-STD.-SERVICE)

- 148 [H2] **Pharmasave,** 499 Granville St. (weitere Filialen in der Stadt), Tel. 6048016991
- 149 [F3] **Shoppers Drug Mart,** 1125 Davie St. (weitere Filialen in der Stadt), Tel. 6046692424

MIT KINDERN UNTERWEGS

Ob drinnen oder draußen, Wissenschaft oder Wasserspaß, Hängebrücke oder Raumschiff, Delfine oder Löwen, schwimmen oder einfach nur faul am Strand liegen – Vancouver bietet für Kinder (und deren Eltern) eine Fülle von interessanten Möglichkeiten.

Drei der absoluten Favouriten der Kinder während des ganzen Jahres sind das Aquarium, die Science World und der Zoo von Vancouver.

Von den über 70.000 Meerestieren des **Aquariums** 15 im Stanley Park gehören die Belugas, Seeotter und natürlich die Delfine zu den Lieblingen der Kinder. Hauptattraktion sind die jeden Tag stattfindenden Delfinshows, bei denen die Kinder in den ersten Reihen regelmäßig im wahrsten Sinne des Wortes „nass gemacht werden".

Das futuristische **Science World** 6 am False Creek ist ein jährlich von vielen Kindern besuchtes interaktives Museum in dem auf spielerische Weise wissenschaftliche Phänomene wie Licht, Schwerkraft, Schall und Geräusche erläutert werden. Wie der erhebliche Geräuschpegel dort verdeutlicht, macht es den Kindern in erster Linie viel Spaß. Auch die Filme im dem Haus angeschlossenen Omnimax Theatre sind häufig auf die Interessen von Kindern zugeschnitten.

Leider weit außerhalb gelegen, aber immer ein Hit bei Kindern ist der **Greater Vancouver Zoo** 30. Die sehr weitläufige Anlage bietet sich ideal zum Erkunden mit den vor Ort auszuleihenden Fahrrädern an.

Besonders groß und oftmals sogar kostenlos ist das Freizeitangebot für Kinder während der Sommermonate.

043vc Abb.: tb

Allein im **Stanley Park** 14 könnte man Tage mit den Kindern verbringen. Abgesehen von dem bereits erwähnten Aquarium bieten sich hier eine Fahrt mit der Miniature Railway oder ein Besuch der Children's Farmyard, einem Streichelzoo, an.

Ideal für die heißen Sommertage ist der **Variety Kids Water Park** am Lumberman's Arch, der familienfreundliche **Second Beach** (s. S. 37) mit seinem angrenzenden Kinderspielplatz und dem spektakulär am Rande des Ozeans gelegenen Swimming Pool. Zwei weitere sehr populäre Wasserparks befinden sich auf Granville Island und in Coal Harbour.

▲ *Die Innenstadt von Vancouver erfreut sich bei Familien mit Kindern immer größerer Beliebtheit: Kinderspielplatz in Yaletown*

S150 [ch] **Variety Kids Water Park** am Lumberman's Arch, Stanley Park, geöffnet: Ende Mai–Anfang September, kostenlos
Anfahrt: Stanley Park Shuttle Bus

S151 [E5] **Water Park,** Granville Island, geöffnet: Ende Mai–Anfang September 10–18 Uhr, kostenlos
Anfahrt: Buslinie 50

S152 [G1] **Water Park (Coal Harbour)**
Anfahrt: Buslinie 5, am besten zu Fuß

Vancouvers größter Freizeit- und Vergnügungspark mit Riesenrädern, Karussells und Achterbahnen ist der **Playland Amusement Park** an der Hastings Street.

★153 [di] **Playland Amusement Park,** 2901 Hastings Street East, Tel. 6042532311, www.pne.ca, Tageskarte ab C$ 21 (Kinder), C$ 13,60 (Begleitpersonen), Kinder unter 4 Jahren kostenlos, geöffnet April– September Sa./So. 10–18 Uhr, im Juni, Juli und August teilweise auch wochentags

Für jene, die es etwas aktiver mögen, bietet sich die **Capilano Suspension**

Bridge 25 an. Kinder wie Erwachsene bekommen beim Überqueren der 50 Meter langen Brücke eine Gänsehaut. Eine weit weniger touristische und zudem eintrittsfreie Alternative bietet die nur wenige Kilometer entfernte **Lynn Canyon Bridge** 27.

Schließlich: Welches Kind träumt nicht davon, einmal mit einem Raumschiff an eine Raumstation anzudocken? Im besonders auf die Interessen von Kindern und Jugendlichen ausgerichteten **H. R. MacMillan Space Centre** (s. S. 33) kann dieser Wunsch erfüllt werden.

NOTFÄLLE

NOTFALLNUMMERN

- Sämtliche Hilfseinrichtungen wie Polizei, Krankenwagen und Feuerwehr sind über die **zentrale Telefonnummer 911** rund um die Uhr erreichbar.
- **Vancouver Police,** 2120 Cambie Street, Tel. 604 7173321, Fundbüro: Tel. 604 7172726

KARTENVERLUST

Für deutsche Maestro-, Kredit- und SIM-Karten gilt überwiegend die einheitliche **Sperrnummer 0049 116116**, im Ausland zusätzlich die Nummer 0049 3040504050. Details finden sich unter www.sperr-notruf.de. Es empfiehlt sich, vor der Reise (von einem erhaltenen Merkblatt bzw. der Kartenrückseite) die individuelle Karten-Sperrnummer zu notieren.

Da es für österreichische und Schweizer Karten keine zentrale Sperrnummer gibt, sollten sich deren Inhaber nach einer aktuell gültigen Notrufnummer ihres jeweiligen Kreditkartenanbieters erkundigen:

ÖFFNUNGSZEITEN

Allgemein gültige Öffnungszeiten sind in Kanada unbekannt. Hier eine Richtschnur für die wichtigsten Einrichtungen/Geschäfte:

- **Banken:** Mo.–Fr. 10–15 Uhr, im Stadtzentrum häufiger auch samstagmorgens bis 12/13 Uhr.
- **Geschäfte:** Mo.–Sa. 10–18 Uhr, So 12–5 Uhr (manche Geschäfte haben sonntags geschlossen)
- **Kaufhäuser:** Mo.–Fr. 9/10–21 Uhr, Sa. 9/10–18/19 Uhr, So 12–17/18 Uhr
- **Museen:** Di.–So. 10–17 Uhr, ein Tag in der Woche (häufig Donnerstag) länger geöffnet
- **Postämter:** Mo.–Fr. 8–18 Uhr, Sa. 9–12 Uhr

POST

Neben der günstig im Stadtzentrum gelegenen

✉154 [H3] **Hauptpost** (349 West Georgia, Tel. 6046625723, Mo.–Fr. 8–17.30 Uhr) gibt es zahlreiche weitere uber die Stadt verteilte Postämter. Von Vancouver dauern Postkarten/Briefe nach Zentraleuropa um die 5 Tage.

Gebühren: Briefe/Postkarten (bis 30 g) nach Europa C$ 1,65.

RADFAHREN

Vancouver gehört nicht nur zu den schönsten Städten der Erde, sondern eignet sich auch hervorragend dazu, mit dem Fahrrad erkundet zu werden. Das Fahrradwegnetz ist für kanadische Verhältnisse gut ausgebaut, der Seawall 13 mit seinen fantastischen Aussichten ideal zum Radeln und zudem ist Vancouver zum größten Teil flach. In Bussen, U-Bahnen und auf

Fähren dürfen Fahrräder in begrenzter Zahl mitgenommen werden. Die Stadtverwaltung hat in den letzten Jahren 16 ausgewiesene Fahrradrouten angelegt, die miteinander vernetzt sind.

Die bei Einheimischen wie Touristen mit Abstand beliebteste ist die sogenannte **„Seawall Route“**, welche entlang der Wasserfront von Coal Harbour, Burrad Inlet, English Bay und False Creek verläuft. Entlang dieser etwa 20 Kilometer langen Strecke zeigt sich Vancouver von seiner Schokoladenseite. Ständig bieten sich spektakuläre Aussichten auf den Ozean, die Berge und die Skyline Vancouvers. Strände, Parks, Seen und Cafés bieten sich für Verschnaufpausen an.

Die Route beginnt am Coal Harbour, führt vorbei an der Lost Lagoon zu den Totempfählen des Brockton Point im Stanley Park. Von dort geht es entlang des Seawall um den Park bis zur English Bay. Die Uferpromenade führt weiter entlang des Sunset Beach (von hier kann man auch die Harbour Ferries nach Granville Island nutzen) und des False Creek bis zur Science World. Von hier geht es entlang der Quebec Street. Über die sich anschließende Columbia Street gelangt man bis Chinatown, entlang deren Hauptverkehrsstraße Water Street mit der Verlängerung der Cordova Street geht es bis zum Canada Place – von wo es nur noch einige Hundert Meter bis zum Coal Harbour sind, dem Ausgangspunkt unserer Tour.

Darüber hinaus gibt es eine Reihe weiterer äußerst attraktiver Radwege. Eine hervorragende Adresse für weiterreichende Informationen wie Routen, Karten und Bücher zum Thema ist **Cycling British Columbia** (1367 W Broadway, Tel. 6047373034, www.cyclingbc.net).

Von den zahlreichen Fahrradverleihstationen in Vancouver seien hier einige der am günstigsten gelegenen genannt:

- **S155** [E1] **Bikes N' Blades,** 718 Denman St., Tel. 6046029899
- **S156** [G4] **Reckless Bike Stores,** 110 Davie St., www.rektek.com, Tel. 6046482600
- **S157** [E1] **Spokes Bicycle Rental & Espresso Bar,** 1798 West Georgia St., www.vancouverbikerental.com, Tel. 6046885141

SCHWULE UND LESBEN

Vancouver hat nicht nur die drittgrößte Schwulen- und Lesben-Community Kanadas nach Toronto und Montreal, sondern gilt seit Jahrzehnten als eine der tolerantesten Städte Nordamerikas. Gleichgeschlechtliche Liebe ist hier selbstverständlicher Teil des

044vc Abb.: tb

▶ *Ebenso bunt wie tolerant: die Daviestreet gilt als die inoffizielle Hauptstraße der Schwulengemeinde von Vancouver*

Lebens. Speziell seit British Columbia die gleichgeschlechtliche Ehe legalisiert hat, ist Vancouver bei Schwulen und Lesben äußerst beliebt.

Das West End (für Schwule) und Commercial Drive (für Lesben) sind die beiden Zentren der Szene. Ein Großteil der Restaurants, Cafés, Kneipen, Boutiquen und Nachtklubs entlang der mit Regenbogenfahnen geschmückten Davie Street [D2–G4] im West End hat sich auf die Wünsche und Interessen schwul-lesbischer Kunden spezialisiert. **Davie Village**, als welches das Viertel bekannt ist, ist jedes Jahr Anfang August Zentrum der „**Pride Week**". Diese einwöchige Darbietung schwul-lesbischer Shows, Partys und Konzerte findet ihren Höhepunkt in der über 200.000 Teilnehmer anziehenden Straßenparade entlang der Denman und Davie Street (www.vancouverpride.ca).

INFOS

- **Xtra!** ist ein an vielen Ständen frei erhältliches Magazin der Schwulen- und Lesbenszene mit einer Fülle an Adressen und Veranstaltungstipps.
- **www.gayvancouver.net**, Webseite mit einer Fülle von Infos für Schwule
- **www.superdyke.com**, meistkontaktierte Onlineseite für Lesben
- **www.flygirlproductions.com**, Website mit Veranstaltungshinweisen, Kontaktadressen, Chats und Links

KNEIPEN UND NIGHTLIFE

158 [F3] **Celebrities**, 1022 Davie St., www.celebritiesnightclub.com, Tel. 6046816180. Eine der populärsten Discos der Schwulenszene mit Dragshow am Mittwoch.

159 [D2] **Delany's on Denman**, 1105 Denman St., Tel. 6046623344. Dieses alteingesessene Café ist Treffpunkt der Schwulenszene, besonders während der Pride Week immer brechend voll.

- **Café Calabria**, 1745 Commercial Drive, Tel. 6042537017. Beliebtes Szenencafé lesbischer Frauen (s. S. 28).

VERANSTALTUNGEN

- **Queer Film Festival**, www.outonscreen.com. 11 Tage im August werden in diversen Kinos und Veranstaltungsorten Filme aufgeführt, die die Vielfalt schwul-lesbischen Lebens darstellen.

SICHERHEIT

Auch wenn es in den letzten Jahren zu einem deutlichen Ansteigen der Gewaltkriminalität gekommen ist, gilt Vancouver gerade im Vergleich zu großen US-Städten nach wie vor als sehr sichere Stadt. Wie in jeder größeren Stadt und bei Menschenansammlungen gilt es, die nötige Vorsicht bei Wertsachen (Kamera, Geldbörse etc.) walten zu lassen. Außerdem sollte man sich nach Sonnenuntergang nicht allein in Parks oder an einsam gelegenen Stränden aufhalten. Bei einem Diebstahl muss Anzeige bei der Polizei erstattet werden.

SPRACHE

Mit Englisch und Französisch gibt es zwei offizielle Landessprachen in Kanada. Abgesehen von der Provinz Quebec ist jedoch Englisch die mit Abstand dominierende Sprache. Abgesehen von einigen typischen Slangwörtern (s. S. 130) ist das kanadische Englisch frei von ausgeprägten Dialekten.

045vc Abb.: tb

STADTTOUREN, ORGANISIERTE

BUSTOUREN

- **Big Bus,** Tel. 6042990700, www.bigbus.ca. Der größte Anbieter offeriert 90-minütige Hop-on-Hop-off-Touren (C$ 35) mit 20 Stopps entlang des Weges. Die oben offenen Busse starten in der Hauptsaison etwa alle 20 Minuten.
- **Landsea Tours,** Tel. 6046627591, www.vancouvertours.com. In den Bussen, die 24 Personen Platz bieten, wird eine dreistündige Stadttour (C$ 59) zu allen Highlights angeboten.
- **Vancouver Trolley Company,** Tel. 6048015515, www.vancouvertrolley.com. Die Stadttour (C$ 35) in nachgebauten Straßenbahnwaggons ähnlich denen in San Francisco (allerdings auf Rädern) erlangt immer größere Beliebtheit.

PFERDEKUTSCHFAHRTEN

- **Horse Drawan Tours,** Tel. 6046815115, www.stanleypark.com. Einstündige Besichtigungstour (C$ 27) in einer 20 Personen Platz bietenden Pferdekutsche entlang des Stanley Parks mit Stopps entlang des Weges.

WALKING TOURS

- **Architectural Institute of British Columbia,** Tel. 6046838588, www.aibc.ca, Juli/August, Di.–Sa., C$ 5. Von Architekturstudenten mit viel Hintergrundinformationen und Spaß geführte ein- bis zweistündige Stadtführungen (C$ 5) durch spezielle Stadtteile wie Gastown, Chinatown und das West End.
- **Walkabout Historic Vancouver,** www.walkabouthistoricvancouver.com., Tel. 6047200006. Von professionellen Stadtführern in historischen Kleidern geleitete, zweistündige Stadtführungen (C$ 25) durch Downtown, Gastown/Chinatown und Granville Island.

▲ *Groß, bunt und informativ: ein Sightseeingbus fährt entlang der Robson Street*

RADTOUREN

- **City By Cycle Tours,** Tel. 6047301032, www.citybycycle.com. Von individuellen Angeboten bis zu Gruppentouren bietet dieses Unternehmen eine Vielzahl von Touren in und um Vancouver an.

SCHIFFFAHRTEN

- **Harbour Cruises,** Tel. 6046887246, www.boatcruises.com. Von den zahlreichen Angeboten ist die 75-minütige Rundfahrt entlang des Burrad Inlet an Bord des Raddampfers „MPV Constitution" die beliebteste. Täglich drei Abfahrten zum Preis von C$ 45 p. P.

TELEFONIEREN

Die gängigen Telefongesellschaften in British Columbia heißen Rogers, Telus und Fido. Ortsgespräche von öffentlichen Telefonen kosten 50 c., vom Festnetz sind sie umsonst.

Die **Vorwahl für Kanada** ist wie in den USA die 001. **Für British Columbia** gilt die 250 als **Area Code, für Vancouver** die 604. Danach folgt die eigentliche Rufnummer. Wer also zum Beispiel von Deutschland eine Nummer in Vancouver anrufen will, wählt 001-604-7-stellige Rufnummer. Gebührenfrei sind 1-800er-/1-866er-/1-877er- und 1-888er-Nummern.

Für **Telefonate aus Kanada** ins Ausland gelten folgende Vorwahlen:

- Deutschland: 011-49
- Österreich: 011-41
- Schweiz: 011-43

Handys sind weitverbreitet, müssen jedoch mit Triband- oder Quadband ausgestattet sein.

Das Telefonieren mit einer der in vielen Geschäften/Tankstellen etc. erhältlichen Telefonkarten (zum Wert von C$ 5, 10, 20 und 50) ist deutlich günstiger als über Festnetz oder Handy. Dafür müssen jedoch eine Reihe weiterer Nummern vor die eigentlichen Länder- und Area-Codes gesetzt werden, was das Telefonieren recht zeitaufwendig macht.

UHRZEIT UND DATUM

In Kanada gibt es sechs Zeitzonen, in Vancouver gilt die **Pacific Time** (MEZ minus 9 Stunden). Die Sommerzeit gilt vom zweiten Sonntag im März bis zum ersten Sonntag im November.

Daten werden wie in den USA wie folgt geschrieben: Sa, 15th of June 2002 oder aber auch 06/15/02.

Tageszeiten werden nach dem in Nordamerika üblichen Prinzip in vormittags (a.m.) und nachmittags (p.m.) eingeteilt. So entspricht etwa 5.23 p.m. dem in Europa üblichen 17.23 Uhr.

UNTERKUNFT

Mit über 25.000 Hotelzimmern verfügt Vancouver über ein enormes Kontingent von Übernachtungsmöglichkeiten. Dennoch kann es in der Haupttouristensaison von Juni bis Mitte September und während spezieller Großveranstaltungen und Messen zu Engpässen kommen, sodass Vorausreservierungen empfehlenswert sind.

Erfreulicherweise bietet sich gerade im Innenstadtbereich eine große Auswahl an Hotels aller Preiskategorien. Von Weltklasseunterkünften wie dem Opus, wo man mit C$ 400 für eine Übernachtung zur Kasse gebeten wird, bis zur Jugendherberge für einen Bruchteil des Preises ist alles dabei. Zwischen den beiden

Extremen findet man alles vom Kettenhotel bis zu den vor allem im altehrwürdigen West End angesiedelten Bed and Breakfasts. Das stilvolle Wohnen in ruhiger Lage in diesen zu Pensionen umgewandelten alten Villen erfreut sich besonders bei anspruchsvollen Individualtouristen großer Beliebtheit, ist allerdings auch nicht billig. Daneben gibt es zahlreiche weitere Downtown-Hotels, die aufgrund ihrer zentralen Lage und der für eine Weltstadt wie Vancouver günstigen Preise den Magel an Atmosphäre mehr als wettmachen.

Die hier aufgeführten Preiskategorien gelten für die angeführten Hauptreisezeiten für ein Doppelzimmer ohne Frühstück. In der Nebensaison werden von einigen Hotels und Internetanbietern Rabatte von bis zu 50% gewährt. Zu bedenken ist, dass beim Auschecken auf den ausgehandelten Zimmerpreis 16% Steuern hinzugerechnet werden. Wer mit eigenem Auto anreist, muss zudem noch eine Parkgebühr *(parking fee)* zur Benutzung der hoteleigenen Tiefgarage zahlen, die zwischen C$ 10–20 liegt.

LUXUSKATEGORIE (ÜBER C$ 300)

160 [G4] **Opus Hotel,** 322 Davie Street, Tel. 6046426787, www.opushotel.com. Häufig als Vancouvers „sexiest hotel" bezeichnet und von führenden Reisemagazinen in die exklusive Liste der führenden Hotels der Erde aufgenommen, ist das ultramoderne Opus die Wahl für Reisende mit Stil und genügend Kleingeld. Die insgesamt 96 Zimmer sind in fünf verschiedenen Stilrichtungen wie „modern and minimalist" oder „artful and eclectic" eingerichtet.

3 [G2] **Fairmont Hotel Vancouver,** 900 West Georgia St., Tel. 6046843131, www.fairmont.com/hotelvancouver. Eines der besten Hotels Kanadas und Wahrzeichen der Gründerjahre im glitzernden Glasdschungel der Innenstadt. Gelungene Mischung aus Tradition und Moderne.

OBERE PREISKATEGORIE (C$ 200 BIS C$ 300)

161 [F2] **Barclay House,** 1351 Barclay St., Tel. 6046051351, www.barclayhouse.com. Das in einer restaurierten Villa im Herzen des West End untergebrachte Bed and Breakfast fällt mit seiner frischen, modernen Atmosphäre positiv aus dem Rahmen der üblichen B&Bs.

162 [D1] **English Bay Inn,** 1968 Comox St., www.englishbayinn.com, Tel. 6046838002. Ein wirkliches Hideaway inmitten des Trubels im West End in idealer Lage beim Stanley Park und der English Bay. Altes, schön restauriertes Tudorhaus mit viel Charme und persönlichem Service.

163 [F2] **Listel Vancouver,** 1300 Robson St., www.listel-vancouver.com, Tel. 6046848461. Wegen seiner zentralen Lage, seinen geschmackvoll eingerichteten Zimmern und der O'Doul's Bar im Erdgeschoss ein besonders bei Kunstinteressierten beliebtes Hotel.

164 [F2] **„O Canada" House,** 1114 Barclay St., www.ocanadahouse.com, Tel. 6046880555. Stilvoll restauriertes Patrizierhaus umgeben von einem gepflegten englischen Garten mitten im West End. Neben den sieben geschmackvoll eingerichteten Zimmern ist besonders das allein stehende Cottage mit Kamin und eigener Terrasse zu empfehlen.

165 [G3] **Wedgewood Hotel,** 845 Hornby St., www.wedgewoodhotel.com, Tel. 6046897777. Vancouvers stilvollstes Boutique Hotel in der Nähe der Robson Street ist ein Favourit bei Flitterwöchnern und internationalen Stars gleichermaßen. Mit ein Grund ist das angeschlossene Bacchus Restaurant.

MITTLERE PREISKATEGORIE (C$ 100 BIS C$ 200)

166 [F2] **Blue Horizon Hotel,** 1225 Robson St., www.bluehorizonhotel.com, Tel. 6046881411. Typisches Mittelklassehotel im Zentrum der Robson Street. Die Zimmer in den oberen Stockwerken bieten eingeschränkte Aussicht auf English Bay und North Shore. Besonders fürs Frühstück zu empfehlen ist das hauseigene Restaurant im Erdgeschoss.

167 [F5] **Granville Island Hotel,** 1253 Johnstone St., Tel. 6046837373, www.granvilleislandhotel.com. Am ruhigeren östlichen Rand von Granville Island gelegen mit allen Annehmlichkeiten der Insel (Public Market, Geschäfte, Restaurants) in unmittelbarer Nähe, dazu schöne Aussichten auf False Creek und Downtown sowie 80 modern eingerichtete Zimmer.

168 [F2] **Robsonstraße Hotel & Suites,** 1394 Robson St., Tel. 6046871674, www.robsonstrassehotel.com. Obwohl alles ein wenig altbacken und dunkel erscheint – die großräumigen Zimmer mit Kühlschrank und kleiner Küche zusammen mit der zentralen Lage und dem guten Preis-Leistungs-Verhältnis machen das Hotel zu einer sehr guten Wahl.

169 [D1] **Sylvia Hotel,** 1154 Gilford St., Tel. 6046819321, www.sylviahotel.com. Ideale Lage gleich gegenüber der English Bay und die sich in der efeuumrankten Fassade spiegelnde hundertjährige Geschichte dieser „Grande Dame" der Vancouver Hotels machen die einfachen Zimmer mehr als wett.

046vc Abb.: tb

170 [I3] **Victorian Hotel,** 514 Homer St., Tel. 6046816369. Viel Charakter für wenig Geld bietet dieses restaurierte Kolonialgebäude zwischen Downtown und Gastown. Die „Deluxe Rooms" (205, 206, 207) auf der zweiten Etage verfügen über ein eigenes Badezimmer und zum Teil eingeschränkte Bergsicht.

171 [F2] **West End Guest House,** 1362 Haro St., www.westendguesthouse.com, Tel. 6046812889. Die rosa Fassade mag nicht jedermanns Sache sein, doch die Lage im West End, der freundliche Service und der günstige Preis machen dieses Bed and Breakfast zu einer guten Wahl für Preisbewusste.

PREISWERTE KATEGORIE (BIS C$ 100)

172 [E1] **Buchan Hotel,** 1906 Haro St., Tel. 6046855354, www.buchanhotel.com. Freundliches Hotel in idealer Lage mit einfachen, sauberen Zimmern (zum Teil mit „shared bathroom") zu günstigen Preisen.

173 [G3] **Hi Vancouver Central,** 1025 Granville, Tel. 6046855335, www.hihostels.ca/vancouvercentral. Einfache Unterkunft im Herzen von Gastown mit Schlafsälen und Ein- und Zweibettzimmern.

174 [cj] **Shaughnessy Village,** 1125 West 12th Ave., Tel. 6047365511, www.shaughnessyvillage.com. Wen das kitschige Dekor nicht stört, findet beim selbsternannten „World's largest B&B Guest House" eines der besten Preis-Leistungs-Verhältnisse Vancouvers. Alle Zimmer sind, obwohl klein, mit Mikrowelle, Kühlschrank und Badezimmer ausgestattet. Darüber hinaus bietet das

Haus mit einem Restaurant, Fitnessraum, Pool und einem Wäscheraum eine Menge Extras.

175 [H3] **YWCA,** 733 Beatty St., Tel. 6048955830, www.ywcahotel.com. Ausgezeichnete, weil moderne, gut geführte Jugendherberge mit einfachen, aber völlig ausreichenden Zimmern mitten in Downtown, sehr gutes Preis-Leistungs-Verhältnis.

VERHALTENSTIPPS

Lautes, arrogantes Auftreten, egozentrisches Verhalten und Rücksichtslosigkeit ist dem Kanadier im Allgemeinen und den Westküstenbewohnern im Besonderen ein Greuel. Auch wenn man „typisch amerikanisch" gleich beim „Du" ist und sich mit dem Vornamen anspricht, wird doch sehr großer Wert auf respektvollen Umgang miteinander gelegt. Höflichkeit und Hilfsbereitschaft sind so auch die von ausländischen Reisenden am häufigsten genannten Eigenschaften der Kanadier. Dementsprechend gehört geduldiges Anstellen in Schlangen etwa an Bushaltestellen zu den Selbstverständlichkeiten des Alltagslebens. Dies äußerst sich zum Beispiel auch im Straßenverkehr, wo hupen, enges Auffahren oder vordrängeln absolut verpönt sind. Im Übrigen nimmt man auf Fußgänger, ältere Menschen und Kinder besonders große Rücksicht. Etwas amerikanisch ist eine gewisse Oberflächlichkeit, die sich unter anderem darin äußert, dass man Bekannte nicht mit persönlichen Schwierigkeiten konfrontieren will. Die pauschale Floskel „How are you?" hat so fast immer ein „ I am good – how are you?" zur Folge.

◄ *Einfach, aber legendär: das efeuumrankte Sylvia Hotel*

VERKEHRSMITTEL

STADTVERKEHR

Translink (www.translink.ca, Tel. 6049533333) betreibt mit Bussen, dem mitteleuropäischen S-Bahnen ähnlichen Skytrain und den SeaBus-Fähren das innerstädtische Verkehrssystem. Alle drei Transportmittel sind durch miteinander vernetzte Haltestellen verknüpft. Über die sehr informative Webseite von Translink kann man bei Angabe des Ab- und Ankunftszieles sowie der gewünschten Reisezeit unter „Trip Planer" seinen präzisen Fahrplan einsehen und ausdrucken. Im Übrigen sind hier auch alle Fahrtrouten einsehbar.

Das Netzwerk aller drei Translink-Verkehrsmittel ist entsprechend der Entfernungen in drei Preiszonen eingeteilt: one-zone-ticket C$ 2,50/1,75 (Erwachsene/Kind), two-zone-ticket C$ 3,75/2,50, three-zone-ticket C$ 5/3,50. Nach 18.30 Uhr sowie an Wochenenden und Feiertagen werden alle Fahrten als one-zone-tickets berechnet. Günstig ist das Tagesticket (C$ 9/7), das für alle drei Zonen gilt. Selbiges wie auch das FareSaverTicket (C$ 19/28,50/38) kann an Automaten und Kiosken gekauft werden.

Das **Busnetz** ist speziell im Innenstadtbereich sehr flächendeckend. Wer pro Fahrt bezahlt, muss exaktes Kleingeld bereithalten, da der Fahrer kein Wechselgeld ausgibt.

Der zum großen Teil auf Stelzen gebaute **Skytrain** ist das Rückgrat des öffentlichen Personennahverkehrs in der Region Greater Vancouver. Das fahrerlose, schienengebundene Nahverkehrssystem, auf dem Züge mit Linearmotoren verkehren, setzt sich aus drei Linien zusammen. Die Expo Line verbindet die Innenstadt mit den Vororten Burnaby, New Westminster und Surrey. Die Millennium Line verbindet Downtown mit dem Vorort Coquitlam. Die Mitte 2009 eingeweihte Canada Line verbindet die Innenstadt mit dem internationalen Flughafen. Die Züge fahren alle 2–8 Minuten, Mo.–Fr. 5.30–1.30 Uhr, Sa. 6–0.30 Uhr und So. 7–23.30 Uhr.

Der **SeaBus** verbindet die Innenstadt (Waterfront Station 10) mit Nordvancouver (Londsdale Quay). Die sehr attraktive Fahrt in dem 400 Personen Platz bietenden, zweigeschössigen Katamaran durch die Burrad Inlet dauert 12 Minuten (täglich zwischen 6.15–0.45 Uhr). Alle drei genannten Verkehrsmittel sind behindertenfreundlich und haben Vorrichtungen zum Transport von Fahrrädern.

TAXI

Taxis winkt man aus dem fließenden Verkehr zu sich. Hat man zur Rush Hour kein Glück, findet sich ein wartendes Taxi meist an größeren Hotels. Die Grundgebühr beträgt C$ 2,75, jeder weitere km C$ 1,58.

Bekannte Taxigesellschaften:

- **Yellow Cab Company** (Tel. 6046811111)
- **Vancouver Taxi** (Tel. 6048711111)

WETTER UND REISEZEIT

Im Vergleich zum kanadischen Durchschnitt ist das Klima in Vancouver aufgrund des Einflusses der Kuroshio-Strömung ungewöhnlich mild. Auch wenn Vancouver übers Jahr gesehen das mildeste Wetter ganz Kanadas aufweist, sollte man, wenn man nicht gerade zum Wintersport nach Whistler reist, die Wintermonate zwischen November und März meiden. Schneefälle sind selbst dann äußerst selten, doch der scheinbar nicht enden wollende Nieselregen kann einem schon aufs Gemüt schlagen. Der Frühling setzt gewöhnlich bereits Mitte März ein, Juli und August sind die wärmsten und trockensten Monate. Da dann jedoch auch die Hotelpreise in die Höhe schnellen, bieten sich die Monate September bis Mitte Oktober als Alternative für geruhsame, preiswerte Tage in Vancouver an. Die Temperaturen liegen im Herbst über Tag um die 15 Grad und meist scheint die Sonne.

ZUSCHAUERSPORT

EISHOCKEY

Der Besuch eines Hockeyspieles sollte zum festen Bestandteil eines Kanadabesuches zählen. Die heiß geliebten **Vancouver Canucks** (www.canucks.com) spielen in der NHL, der nordamerikanischen Profiliga, und tragen ihre Spiele im GM Place [I4] aus. Selbst während der regulären Spielzeit zwischen Oktober und April sind Tickets (C$ 40–100) nur selten zu ergattern. Entweder man bucht seine Eintrittskarte lange im Voraus oder versucht es gegen einen kleinen Aufpreis bei einem der vor jedem Heimspiel um den GM Place wartenden Zwischenhändler. Wer auch da kein Glück hat, sollte eine der umliegenden Sportsbars aufsuchen, wo man die Canucks live mit anderen enthusiastischen Fans bei einem (oder

HOCKEY LIVES HERE – DIE VANCOUVER CANUCKS

14. Juni 1994 im Zentrum der Innenstadt von Vancouver: Zigtausende aufgebrachte Demonstranten werfen Fensterscheiben der Geschäfte ein, stürzen geparkte Autos um und zünden sie an, verletzen Polizisten – das ist wohl das Letzte, was man mit den zu Recht als ausgesprochen freundlich, respektvoll und hilfsbereit bekannten Kanadiern in Verbindung bringt. Nicht dass dieses Klischee umgeschrieben werden müsste, doch beim Hockey hört der Spaß für die Kanadier im Allgemeinen und die Vancouverites im Speziellen auf. Dies umso mehr, wenn ihre heiß geliebten Canucks im Finale des Stanley Cups stehen, dem Endspiel der besten Eishockeyliga der Welt. Wenn es dann auch noch gegen die New York Rangers geht, Inbegriff der bei den Kanadiern wenig geliebten US-Dominanz in dem von ihnen als „our game" postulierten Eishockey und man dann auch noch das siebte und alles entscheidende Spiel unglücklich mit einem Tor verliert – dann entlädt sich selbst bei den als besonders relaxed geltenden Vancouverites der über Jahrzehnte angestaute Frust über nicht gewonnene Stanley Cups in Szenen wie Mitte Juni 1994.

Die Kanadier, die sich als die Erfinder des modernen Eishockeys sehen, quasi als die Urväter der Sportart, lieben ihren Nationalsport. Darum nagt es umso mehr am Selbstbewusstsein, dass fast 20 Jahre vergangen sind, seit mit den Montreal Canadians das letzte kanadische Team mit dem Stanley Cup die bedeutendste Eishockeytrophäe der Erde gewann.

Die Geschichte der Vancouver Canucks reicht zurück bis ins Jahr 1945, als sie zunächst in der 1952 aufgelösten Pacific Coastal League und bis 1970 in der Western Hockey League zu den führenden Mannschaften zählten. Als die National Hockey League im Jahr 1967 im Rahmen der Westerweiterung sechs weitere Mannschaften aufnehmen wollte, galten die Canucks als einer der aussichtsreichsten Bewerber. Noch heute schwelen in Vancouver Resentiments gegen die Toronto Maple Leafs und die Montreal Canadiens ob der Ablehnung ihres Antrages, geht man doch davon aus, dass diese beiden bedeutendsten kanadischen Eishockeymannschaften gegen den Antrag stimmten.

Umso größer war dann die Freude, als die Canucks drei Jahre später doch noch Aufnahme fanden. Ein großer Triumph war es dann, dass der erste Sieg in ihrer NHL-Geschichte gegen die Toronto Maple Leafs eingefahren wurde. Es dauerte bis in die Saison 1974/75, bis sich die Canucks das erste Mal für die Play-offs zum Stanley Cup qualifizierten, in dem sie in der ersten Runde gegen die Montreal Canadiens verloren. Sieben Jahre später standen sie zum ersten Mal im Finale des Stanley Cups, wo sie jedoch in 5 Spielen von den New York Islanders besiegt wurden. Anfang der 1990er-Jahre verpflichteten die Canucks mit Pavel Bure ein russisches Talent, das in den folgenden Jahren als einer der erfolgreichsten Torjäger der NHL zu Ruhm aufstieg. Mit „Rocket Bure" wie er von den Fans in Verehrung seiner Schnelligkeit genannt wurde, folgten einige der erfolgreichsten Jahre in der Geschichte der Canucks, die ihren Höhepunkt in der Finalteilnahme von 1994 fanden.

Mit dem Umzug vom Pacific Coliseum ins neu erbaute GM Place fanden die Canucks 1995 ein neues Zuhause im Stadtzentrum. Mit ihren schwedischen Stars Markus Näslund und den Sedin-Brüdern sowie Todd Bertuzzi und Trevor Linden waren die Canucks seit der Saison 2000 eines der attraktivsten und erfolgreichsten Teams der NHL. Wenn es für den „West Coast Express“ letztlich doch nie zum Gewinn des Stanley Cups reichte, lag das nicht zuletzt an der Achillesferse der Mannschaft, dem Torhüter. Das Management reagierte, indem es mit Roberto Luongo nicht nur einen der besten Torhüter der gesamten Liga verpflichtete, sondern ihn auch noch zum Kapitän ernannte - das erste Mal in der Geschichte der NHL überhaupt.

Auch wenn die Fans über die Jahre viele Enttäuschungen erleben mussten und der heiß ersehnte Stanley-Cup-Sieg nach 40 Jahren immer noch ein unerfüllter Traum geblieben ist - die Canucks sind ein fester Bestandteil des Selbstwertgefühls der Stadt. So sind trotz des in den letzten 10 Jahren verdoppelten Eintrittspreises (C$ 73 pro Spiel) alle 82 Spiele der regulären Saison im 18.630 Zuschauern Platz bietenden GM Place ausverkauft. Als im Mai 2009 der Wahlkampf zu den alle vier Jahre stattfindenden Wahlen zum Länderparlament von British Columbia in seine heiße Phase ging, titelte die Vancouver Sun: „Elections in B.C.! Who cares - the Canucks are in the Play Offs.“ Zwei Tage später verloren die Canucks - wieder einmal. Doch diesmal wurde es anstatt mit eingeschlagenen Scheiben mit Gleichmut hingenommen. Same procedure next year …

mehreren) Bieren anfeuern kann. Eine deutlich billigere Alternative bieten die in der Western Hockey League spielenden **Vancouver Giants.** Dieses zweite Profiteam Vancouvers trägt seine Spiele im Pacific Coliseum [di] aus.

CANADIAN FOOTBALL

Auch wenn sie nicht mit den Canucks konkurrieren können, haben sich die **BC Lions** (www.bclions.com), Vancouvers American Football Mannschaft, in den letzten 10 Jahren zu einem Publikumsmagneten entwickelt. Sie ist eine von insgesamt acht Mannschaften der Canadian Football League (CFL), die ihre Saison zwischen Juni und Oktober austrägt. Zu den Spielen finden sich um die 20.000 bis 30.000 Zuschauer im riesigen BC Place Stadium 5 ein, dementsprechend ist es normalerweise kein Problem, eine Eintrittskarte (C$ 35–80) zu erstehen.

FUSSBALL

Fußball steht in der Beliebtheitsskala der Kanadier hinter Hockey und Football nur an dritter Stelle. Das lokale Team, die **Vancouver Whitecaps** (www.whitecapsfc.com) tragen ihre Spiele in dem 5000 Zuschauer Platz bietenden Swangard Stadium im Stadtteil Burnaby (mit dem Skytrain in wenigen Minuten von der Innenstadt aus zu erreichen) aus. Die Saison dieser semiprofessionellen Liga läuft von Mai bis September, Tickets können am Stadion für C$ 20–40 gekauft werden.

ANHANG

047vc Abb.: tb

KLEINE SPRACHHILFE

Die folgenden Wörter und Redewendungen wurden dem Reisesprachführer **„Englisch – Wort für Wort“** (Kauderwelsch-Band 64) aus dem Reise Know-How Verlag entnommen.

HÄUFIG GEBRAUCHTE WÖRTER UND REDEWENDUNGEN

Zahlen

1	(wann)	*one*
2	(tuh)	*two*
3	(ðrih)	*three*
4	(fohr)	*four*
5	(feiw)	*five*
6	(ßikß)	*six*
7	(ßäwèn)	*seven*
8	(äit)	*eight*
9	(nein)	*nine*
10	(tänn)	*ten*
11	(ihläwèn)	*eleven*
12	(twälw)	*twelve*
13	(ðörtihn)	*thirteen*
14	(fohrtihn)	*fourteen*
15	(fifftihn)	*fifteen*
16	(ßikßtihn)	*sixteen*
17	(ßäwèntihn)	*seventeen*
18	(äitihn)	*eighteen*
19	(neintihn)	*nineteen*
20	(twänntih)	*twenty*
30	(ðörtih)	*thirty*
40	(fohrtih)	*forty*
50	(fifftih)	*fifty*
60	(ßikßtih)	*sixty*
70	(ßäwèntih)	*seventy*
80	(äitih)	*eighty*
90	(neintih)	*ninety*
100	(hanndrid)	*hundred*

Die wichtigsten Zeitangaben

yesterday	(jäßtèrdäi)	gestern
today	(tuhdäi)	heute
tomorrow	(tuhmohrrou)	morgen
last week	(lahßt wihk)	letzte Woche
every day	(äwwrih dä)	täglich
in the morning	(in ðè mohrning)	morgens
in the afternoon	(in ðih_ahftèrnuhn)	nachmittags
in the evening	(in ðih_ihwèning)	abends
early	(öhrlih)	früh
late	(läit)	spät
on time	(on teim)	pünktlich
now	(nau)	jetzt
soon	(suhn)	bald
never	(näwwèr)	nie

Die wichtigsten Fragewörter

who?	(huh)	wer?
what?	(wott)	was?
where?	(wäèr)	wo?/wohin?
why?	(wei)	warum?
how?	(hau)	wie?
how much?	(hau matsch)	wie viel? (Menge)
how many?	(hau männih)	wie viele? (Anzahl)
when?	(wänn)	wann?
how long?	(hau long)	wie lange?

Die wichtigsten Richtungsangaben

on the right	(on ðè reit)	rechts
on the left	(on ðè läfft)	links
to the right	(tuh ðè reit)	nach rechts
to the left	(tuh ðè läfft)	nach links
turn right	(törn reit)	rechts abbiegen
turn left	(törn läfft)	links abbiegen
straight on	(ßträjt on)	geradeaus
in front of	(in front_off)	gegenüber
outside	(autseid)	außerhalb
inside	(inseid)	innerhalb
here	(hi-èr)	hier
there	(ðäèr)	dort
up there	(ap ðäèr)	da oben
down there	(daun ðäèr)	da unten
nearby	(nihrbei)	nah, in der Nähe
far away	(fahr èwäi)	weit weg
around the corner	(raund ðè kohrnèr)	um die Ecke

Die wichtigsten Floskeln und Redewendungen

yes	(jäß)	ja
no	(nou)	nein
thank you	(ðänk_juh)	danke
please	(plihs)	bitte
Good morning!	(gudd mohrning)	Guten Morgen!
Good evening!	(gudd ihwèning)	Guten Abend!
Hello! / Hi!	(hällou / hei)	Hallo!
How are you?	(hau ah juh)	Wie geht es Ihnen/dir?
Fine, thank you.	(fein ðänk_juh)	Danke gut.
Good bye!	(gudd bei)	Auf Wiedersehen!
Have a good day!	(häw_è gudd däi)	Einen schönen Tag!
I don't know.	(ei dount nou)	Ich weiß nicht.
Cheers!	(tschihrs)	Prost!
The check, please!	(ðè tscheck plihs)	Die Rechnung, bitte!
Congratulations!	(kongrätjuläischènß)	Glückwunsch!
Excuse me!	(ikßkjuhs mih)	Entschuldigung!
I'm sorry.	(eim ßorrih)	Tut mir Leid!
It doesn't matter.	(itt dahsnt mättèr)	Das macht nichts.
What a pity!	(wott_è pittih)	Wie schade!

Die wichtigsten Fragen

Is there a/an ... ?	(is ðäèr è/ènn ...)	Gibt es ...?
Do you have ... ?	(duh juh häw ...)	Haben Sie ...?
Where is/are ... ?	(wäèr is/ah ...)	Wo ist/sind ... ?
Where can I ... ?	(wäèr kähn_ei)	Wo kann ich ... ?
How much is it?	(hau matsch is_itt)	Wie viel kostet das?
What time?	(wott teim)	Um wie viel Uhr?
Can you help me?	(kähn juh hällp mih)	Können Sie mir helfen?
Is there a bus to ... ?	(is ðäèr è_baß tuh ...)	Gibt es einen Bus nach ...?
How are you?	(hau ah juh)	Wie geht es dir/Ihnen?
What's your name?	(wotts juhr näim)	Wie heißt du/heißen Sie?
How old are you?	(hau ould ah juh)	Wie alt bist du/sind Sie?
Where do you come from?	(wär duh juh kamm fromm)	Woher kommen Sie?
Excuse me?	(ikßkjuhs mih)	Wie bitte?

Nichts verstanden? – Weiterlernen!

I don't speak English.	(ei dount spihk in-glisch)	Ich spreche kein Englisch.
Pardon?	(pahdèn?)	Wie bitte?
I don't understand.	(ei dount andèrständ)	Ich habe nicht verstanden.
Do you speak German?	(duh juh spihk dschörmèn?)	Sprechen Sie Deutsch?
How do you say that in English?	(hau duh juh säi ðät in in-glisch?)	Wie heißt das auf Englisch?
What does it mean?	(wott dahs_itt mihn?)	Was bedeutet das?

CANADIAN SLANG

Weitere Vokabeln und Redewendungen finden Sie im Sprachführer **„Canadian Slang – das Englisch Kanadas“** (Kauderwelsch-Band 25) aus dem Reise Know-How Verlag.

Begrüßung/Verabschiedung

How's it going?	Wie geht's?
What's happening?	Was läuft?
What's up?	Wie geht's?
Bye now!	Tschüss!
(See you) Later!	Bis später!

Geld

buck 'n a half/a quarter	C$ 1,50/1,25
dix	C$ 10-Schein
grand	C$ 1000
loonie	C$ 1
toonie	C$ 2
penny	1 c.
nickel	5 c.
dime	10 c.
quarter	25 c.

Essen und Trinken

BLT	Sandwich mit Speck, Salat und Tomaten („Bacon, Lettuce, Tomato“)
corn	Kurzform von „popcorn“
Dig in!	Fang an (zu essen)!
dog	Kurzform von „hot dog“
eggs over easy	Spiegeleier, auf beiden Seiten gebraten
eggs sunny side up	klassische Spiegeleier
eggs scrambled	Rührei
french toast	in Milch-Eier-Mischung getränkte und ausgebackene Weißbrotscheiben
fries	Pommes frites
gravy	braune Soße
hash browns	Bratkartoffeln
jerky	getrocknete Fleischstreifen
maple syrup	Ahornsirup
pancakes/flapjacks	kleine, dicke, lockere Pfannkuchen, mit maple syrup serviert
peameal bacon	mit Maisgries ummantelter Pökelschinken
porridge	Hafergrütze (Frühstück)

slab	ein dickes Stück, eine dicke Scheibe
starved	verhungert, hungrig (auch: „starving")
stuffed	satt, vollgefressen
sub/submarine	langes Sandwich mit vielerlei Zutaten
continental breakfast	„Kleines Frühstück" ohne Eier etc.
danish	Hefeteilchen mit unterschiedlicher Füllung
doggy bag	eine Tüte oder Schachtel zum Einpacken von Essensresten im Restaurant
decaf	koffeinfreier Kaffee („regular": normaler Kaffee)
pint	Biermaß (1 pint = 0,47 l)
pop/soda	Limonade
sausages	Würste (vom Stand)
sixpack	Sechserpack Bier
waffles	Waffeln

Sport (Eishockey)

bodycheck	fairer Körperangriff ohne Schlägereinsatz
bully (face-off)	Puckeinwurf nach Tor oder Unterbrechung
deke out	einen Gegenspieler austricksen
goalie/keeper	Torhüter
hat-trick	drei Tore im selben Spiel schießen
helicopter line	Hockeysturmlinie, bei der nur der Mittelstürmer etwas taugt
icing	unerlaubter Weitschuss aus der eigenen Hälfte
inmate/stripes/zebra	Schiedsrichter im Hockey
jock	Tiefschutz für Hockey- und Baseballspieler („jockstrap")
linesman	Linienrichter
lumber/stick	Hockeystock
net/pipes	Hockeytor
penalty	Strafschuss
puck/biscuit/ bone pill/button	Puck
slap shot	Schlagschuss im Hockey
undress	Gegenspieler ausmanövrieren (ausziehen)
Zamboni	Eisaufbereitungsmaschine

Telefon

answering machine	Anrufbeantworter
car phone	Autotelefon
cell (cellular)/ mobil phone	„Handy"
Give a shout!	Ruf mich an!
to give somebody a buzz	jemanden anrufen

sound)))trip®
Neu bei
Reise Know-How
Reise Know-How
Northern Africa
The Andes
Argentina
Australia
The Balkans
Barbados
Belly Dance
Northeast Brazil
China
Cuba
Finland
Iceland
India
Ireland
Japan
Mexico
Russia, St. Petersburg
Scotland
South Africa
Switzerland
Turkey
Die Compilations der CD-Reihe sound)))trip stellen die aktuelle, typische Musik eines Landes oder einer Region vor.
Jede CD 50–60 Min., 22- und 46-seitiges Booklet.
Im Buchhandel erhältlich.
Unverbindl. Preisempf.: 15,90 € [D]
Kostenlose Hörprobe im Internet.
in cooperation with
(((piranha)))
www.reise-know-how.de

☐ Legende Seite 141

1 cm = 19 km
0 | 20 km | 40 km

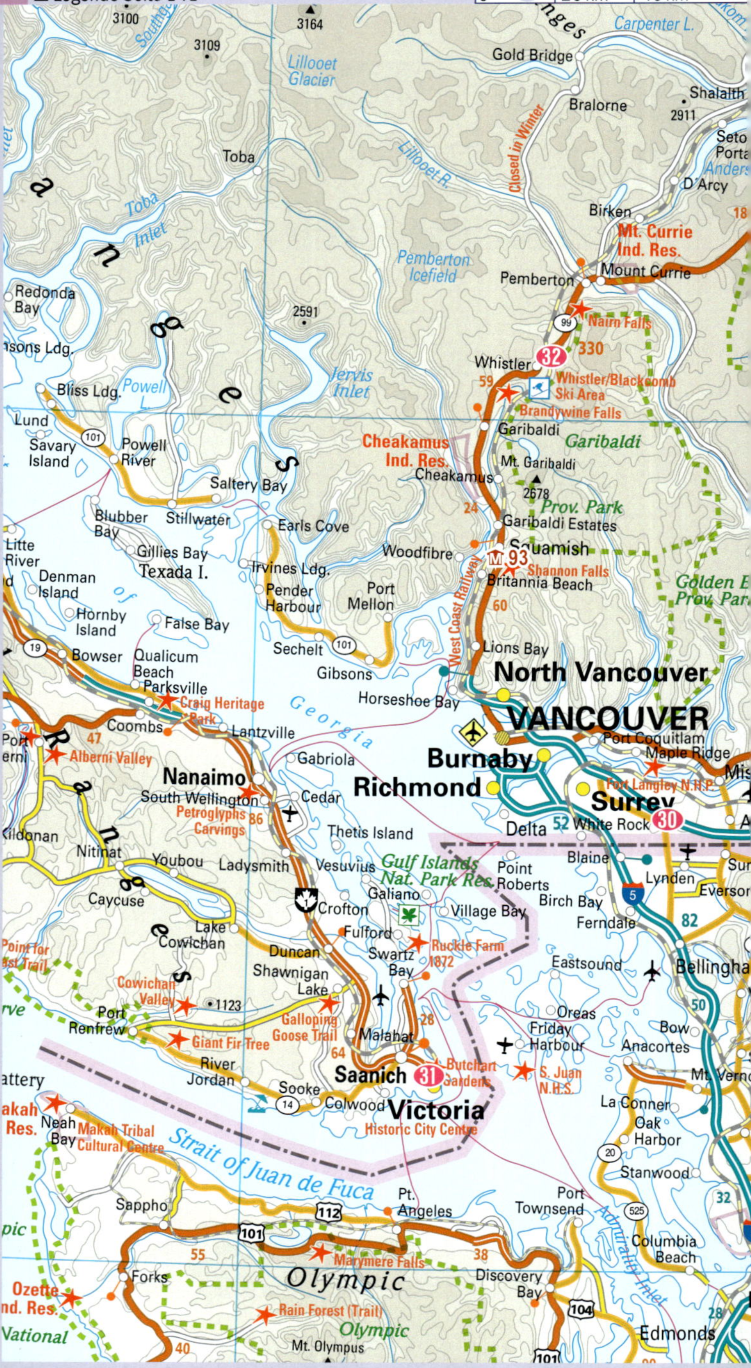

☐ Legende Seite 141

REGISTER

A

B

C

D

E

F

G

H

LEGENDE DER KARTENEINTRÄGE

1 [H3] The Bay S. 16
2 [ek] Metrotown S. 16
3 [H3] Pacific Centre S. 17
4 [G2] Aritzia S. 17
5 [cj] Bacci's S. 17
6 [G2] bebe S. 17
7 [I2] The Block S. 18
8 [cj] Hill's of Kerrisdale S. 18
9 [H3] Albion Books S. 18
10 [G3] Chapters S. 18
11 [bi] Kidsbooks S. 18
12 [H3] MacLeod's Books S. 18
13 [E6] Mayfair News S. 18
14 [E1] Capers S. 18
15 [H3] Marketplace Iga S. 18
16 [cj] Meinhardt Fine Food S. 18
17 [E4] Granville Island Public Market S. 18
18 [I2] So.cial at le Magasin S. 18
19 [B5] Terra Breads S. 18
20 [G4] Urban Fare S. 18
21 [G2] HMV S. 20
22 [cj] Neptoon Records S. 20
23 [C5] Zulu Records S. 20
24 [E5] Gallery Indigena S. 20
26 [E5] Kids Market S. 20
27 [E5] Net Loft S. 20
28 [D5] Edgemont Village Wines S. 21
29 [cj] Firefly Fine Wines and Ales S. 21
30 [G2] Signature BC Liquor Store S. 21
31 [J3] Chinatown Night Market S. 19
33 [di] Vancouver Flea Market S. 19
34 [B5] Bishop S. 24
35 [C1] Fish House in Stanley Park S. 24
36 [G4] Glowbal S. 25
37 [F1] Lift S. 25
38 [D2] Raincity Grill S. 25
39 [ch] Sequoia Grill Restaurant S. 26
40 [cj] West S. 26
41 [dj] Ashiana Tandoori Restaurant S. 26
42 [F2] Hon's Wun-Tun House S. 28
43 [C5] Noodle Box S. 28
44 [bi] Burgoo S. 25
45 [D6] Incendio West S. 25
46 [di] Little Nest S. 25
47 [C5] Rocky Mountain Flatbread Company S. 25
48 [bi] Tomato Fresh Food Café S. 25
49 [F1] White Spot S. 25
50 [J3] Brickhouse Bistro S. 26
51 [bi] Elwood's S. 26
52 [I6] Martini's S. 26
53 [C4] Truffles Bistro S. 26
54 [D5] Annapurna S. 28
55 [cj] Bo Kong Vegetarian Restaurant S. 28
56 [di] Cafe Deux Soleils S. 28
57 [J6] The Foundation S. 28
58 [cj] The Natural Garden S. 28
59 [bg] The Beach House S. 27
60 [F1] Cardero's S. 27
61 [H2] Five Sails S. 27
62 [bi] The Galley S. 27
63 [cj] Shaughnessy Restaurant S. 27
64 [I2] Top of Vancouver S. 27
65 [cj] Bean Around the World S. 28
66 [H4] Bojangles Café S. 28
67 [di] Café Calabria S. 28
68 [G3] Caffee Artigiano S. 28
69 [G3] Gallery Café (Vancouver Art Gallery) S. 28
70 [B5] 49 Parallel Coffee Roasters S. 28
71 [H2] Tickets Tonight S. 30
72 [ai] Chan Centre for the Peforming Arts S. 30
73 [G3] Commodore Ballroom S. 30
74 [G3] Orpheum Theatre S. 30
75 [H3] Queen Elizabeth Theatre S. 31
77 [H2] Theatre Under the Stars S. 31
78 [H3] Vancouver Playhouse S. 31
79 [H3] AuBar S. 31
80 [G3] Caprice S. 31
82 [G4] Crush Champagne Lounge S. 31
83 [J2] The Modern S. 31
84 [I2] Shine S. 31
85 [G3] Bacchus Piano Lounge S. 32

Legende der Karteneinträge

86 [E5] Backstage Lounge S. 32
87 [bi] The Cellar Restaurant & Jazz Club S. 32
88 [F2] Cloud 9 Piano Lounge S. 32
89 [G3] Lennox Pub S. 32
90 [H3] The Railway Club S. 32
91 [I2] Steamworks Brewing Co. S. 32
92 [G4] Yaletown Brewing Company S. 32
93 [Umgebungskarte S. 136] BC Museum of Mining S. 33
94 [J3] Chinese Cultural Centre Museum & Archives S. 33
95 [D4] H.R. MacMillan Space Centre S. 33
96 [ch] Lost Lagoon Nature House S. 33
97 [ai] Museum of Anthropology S. 33
98 [C4] Vancouver Maritime Museum and St. Roch S. 34
99 [D4] Vancouver Museum S. 35
100 [di] Vancouver Police Museum S. 35
101 [cj] Bau-Xi Gallery S. 35
103 [H2] Bill Reid Gallery of Northwest Coast Art S. 35
104 [E5] Gallery of BC Ceramics S. 35
105 [I2] Inuit Gallery of Vancouver S. 35
106 [C4] Kitsilano Beach S. 36
107 [bi] Locarno und Jericho Beach S. 36
108 [bi] Spanish Banks S. 37
109 [ch] Second und Third Beaches S. 37
110 [ai] Wreck Beach S. 37
111 [ai] Nitobe Memorial Garden S. 37
112 [aj] UBC Botanical Garden S. 37
113 [cj] Queen Elizabeth Park S. 38
114 [cj] Vandusen Botanical Garden S. 38
115 [cg] Lighthouse Park S. 38
116 [D4] Vanier Park S. 79
117 [F4] George Wainborn Park S. 79
118 [bi] Jericho Beach S. 79
119 [Karte I] Tourism Victoria Visitor Info Centre S. 100
120 [Karte I] Royal British Columbia Museum S. 100
121 [Karte I] IMAX-Theater S. 100
122 [Karte I] Maritime Museum S. 100
123 [Karte I] Fairmont Empress Hotel S. 100
124 [Karte I] Rosewood Victoria Inn S. 100
125 [Karte I] Camille's S. 100
126 [Karte I] Re-Bar Modern Food S. 100
127 [Karte III] The Whistler Visitor Info Centre S. 104
128 [Karte III] Adara S. 104
129 [Karte III] Blackcomb Lodge S. 104
130 [Karte S. 103] Araxi Restaurant & Bar S. 104
131 [Karte III] Caramba! S. 104
132 [Karte III] The Beet Root Café S. 104
133 [H2] German Consulate General S. 108
134 [H2] Austrian Honorary Consulate S. 108
135 [H2] Swiss Consulate General S. 108
136 [H2] Tourism Vancouver S. 112
137 [F2] Blenz S. 113
138 [E1] Global Internet S. 113
139 [F3] Internet Coffee S. 113
140 [E1] Star Internet Café S. 113
141 [F3] St. Paul's Hospital S. 114
142 [cj] B. C. Children's Hospital S. 114
143 [cj] Vancouver General Hospital S. 114
144 [H2] Stein Medical Clinic S. 114
145 [G2] Ultima Medicine Plus S. 114
146 [H3] Vancouver Centre Dental Clinic S. 114
147 [F2] Downtown Dental Clinic S. 114
148 [H2] Pharmasave S. 114
149 [F3] Shoppers Drug Mart S. 114
150 [ch] Variety Kids Water Park am Lumberman's Arch S. 115
151 [E5] Water Park S. 115

152 [G1] Water Park (Coal Harbour) S. 115
★153 [di] Playland Amusement Park S. 115
154 [H3] Hauptpost S. 116
155 [E1] Bikes N' Blades S. 117
156 [G4] Reckless Bike Stores S. 117
157 [E1] Spokes Bicycle Rental & Espresso Bar S. 117
158 [F3] Celebrities S. 118
159 [D2] Delany's on Denman S. 118
160 [G4] Opus Hotel S. 121
161 [F2] Barclay House S. 121
162 [D1] English Bay Inn S. 121
163 [F2] Listel Vancouver S. 121
164 [F2] „O Canada" House S. 121
165 [G3] Wedgewood Hotel S. 121
166 [F2] Blue Horizon Hotel S. 122
167 [F5] Granville Island Hotel S. 122
168 [F2] Robsonstraße Hotel & Suites S. 122
169 [D1] Sylvia Hotel S. 122
170 [I3] Victorian Hotel S. 122
171 [F2] West End Guest House S. 122
172 [E1] Buchan Hotel S. 122
173 [G3] Hi Vancouver Central S. 122
174 [cj] Shaughnessy Village S. 122
175 [H3] YWCA S. 123

1 [G2] Robson Street S. 62
2 [G3] Vancouver Art Gallery S. 63
3 [G2] Hotel Vancouver S. 64
4 [H3] Public Library S. 65
5 [H4] BC Place Stadium S. 66
6 [J4] Science World S. 66
7 [E5] Granville Island S. 67
8 [I2] Gastown S. 68
9 [I2] Harbour Centre Tower (Lookout) S. 72
10 [I2] Waterfront Station (SeaBus) S. 72
11 [H2] Canada Place S. 73
12 [H2] Marine Building S. 74
13 [ch] Sewall S. 75
14 [ch] Stanley Park S. 75
15 [ch] Vancouver Aquarium S. 77
16 [ch] Totempfähle S. 77
17 [ch] Lions Gate Bridge S. 78
18 [D2] English Bay Beach S. 80
19 [J3] Chinatown S. 81
20 [E1] West End S. 86
21 [F1] Coal Harbour S. 90
22 [G4] Yaletown S. 90
23 [di] Commercial Drive S. 91
24 [bi] Kitsilano S. 92
25 [cg] Capilano Suspension Bridge S. 93
26 [cg] Capilano Salmon Hatchery S. 93
27 [eg] Lynn Canyon Park S. 93
28 [eg] Mt. Seymour Provincial Park S. 94
29 [df] Grouse Mountain S. 94
30 [Karte S. 136] Greater Vancouver Zoo S. 95
31 [Karte S. 136] Victoria S. 95
32 [Karte S. 136] Whistler S. 100

Hier nicht aufgeführte Nummern liegen außerhalb der abgebildeten Karten. Ihre Lage kann aber wie bei allen im Buch vorkommenden Ortsmarken mithilfe des Internet-Kartenservice Google Maps™ lokalisiert werden (s. Umschlagklappe).

English Bay
UNIVERSITY LOOP
4.9.17.25.33
41.43.44.49.84
99.258.480
C19.C20.C22.N17
NW MARINE DRIVE
C19
CHANCELLOR BLVD
44.84
258 operates to UBC when UBC is in winter session.
Old Hastings Mill Store Museum
Museum of Anthropology
University Of British Columbia
Nitobe Memorial Gardens
UBC Hospital
4 AVE
4.44.84.258
4.9.17.99.258.N17
University Hill
UNIVERSITY BLVD
99 B-Line
ACADIA
THUNDERBIRD
WESBROOK
WEST MALL
SW MARINE
HAMPTON
BLANCA
16 AVE
10 AVE
9.17.99.N17
Point Grey
ALMA
HIGHBURY
N22
TRUTCH
25.33
2.33
41.43.49
480
UBC Botanical Gardens
PACIFIC SPIRIT REGIONAL PARK
Marine Drive Foreshore Park
7.25.32
QUESNEL
MACDONALD
22 N22
KING ED
25
Dunbar
DUNBAR
7.32. N22
MACKENZIE
SW MARINE DR
41.43.49.480
CROWN
41 AVE
49
22 N22
SW MARINE DR
DUNBAR LOOP
7.22.32.41
43.49.480.N22
Southlands
IONA BEACH REGIONAL PARK
Iona Island
McDonald Beach Park
FERGUSON RD
Sea Island
VANCOUVER INTERNATIONAL AIRPORT
TO AIRPORT STATIO
MARPOLE LOOP
10.17.100
Terminal Building
424.N10
NORTH SERV
MILLER
R 06.09